퍼스널 저널링

19가지의
일기쓰기 방법으로
나를 찾기

퍼스널 저널링

전지욱 지음

19가지의 일기쓰기 방법으로 나를 찾기

PERSONAL JOURNALING

BOOKEND

> 프롤로그

유튜브와 발레와 헬스와 일기쓰기의 공통점

이런 생각이 들었다.
'발레를 배워야겠는데?'

집 앞 무용학원에 가서 성인 취미반에 등록했다. 게으른 완벽주의자는 이런 걸 등록할 때 두렵다. 한두 번 하고 그만둘까 봐. 하지만 그렇게 시작된 발레 수업은 매주 화, 목 저녁마다 나가며 1년 넘게 계속됐다. 발레 동작이 꾸준히 잘 안돼서 선생님께 물어봤더니 하체 힘이 약하다며 헬스를 해보는 게 좋겠다고 하셨다. 그래서 바로 헬스장에 등록했다. 이번엔 더 두려웠다. 웨이트 트레이닝이라는 걸 과연 내가 꾸준히 할 수 있을까? 놀랍게도 7개월이라는 시간 동안 주 5회씩 했다.

어느 날 헬스장 트레이너님이 갑자기 말을 걸었다. "지욱 씨는 정말 꾸준하신 분 같아요. 이렇게 매일 운동하는 사람은 1%도 안 될

걸요?"

나는 결코 꾸준한 사람이 아니다. 같은 길도 두 번 이상 안 가고, 같은 말을 또 듣는 걸 정말 싫어하고, 웬만하면 같은 책도 두 번 이상 안 읽는다. 직업조차 계속 바꿔가며 살아온 터라 커리어도 뒤죽박죽이다. 그런 내가 갑자기 시작한 발레와 헬스를 어떻게 이토록 꾸준하게 할 수 있었을까?

"저도 신기해요. 일기를 쓴 것 말고는 꾸준히 한 게 없거든요."
"일기 쓰시는구나. 얼마나 쓰셨어요?"

2002년 3월 17일에 시작한 일기쓰기는 23년째 계속되고 있다. 가족 중에 일기를 쓰는 사람은 없었고 딱히 쓰게 된 계기도 없다. 사실 왜 시작했는지 기억조차 나지 않는다. 친구가 별로 없었고, 속마음을 못 꺼내는 아이였고, 종이에 끄적이는 것을 좋아했던 것 같다.

일기 다음으로 꾸준하게 했던 것은 유튜브다. 일기를 통해 자신의 삶을 기록하는 것이 얼마나 대단한지 알리고 싶어 시작했다. 자신만의 방법을 조금만 알면 누구나 행복한 기록 생활을 할 수 있다는 것을 깨달았고 이것을 알리고 싶었다. 그래서 2년 넘게 이것저것 시도하며 일주일에 한 편씩 올리기 시작했다. 생계와 유튜브를 병행하다 보니 체력이 금세 바닥났다. 그리고 영상 속 굽어있는 내 몸이 보기 싫었다. 그래서 발레를 시작했고, 헬스까지 하게 된 것. 유튜브, 발레, 헬스 세 가지 다 번거롭고 몸을 써야 하는 고된 일이다. 하지만 이상하게 귀찮거나 힘들지 않았다. 그냥 했다. 마치 일기를 쓰듯이. 그날 주어진 페이지를 아무 생각 없이 채워갔다. 다른 건 쉽게 포기했는데 어떻게 이 세 가지는 꾸준히 했을까? 게으른 내가 이 세 가지만은 꾸준히 할 수 있던 이유는 도대체 뭘까?

유튜브, 발레, 헬스, 일기쓰기의 공통점이 뭔지 생각해 봤고, 적어 봤다.

1. 다른 사람이 보기엔 멋있어 보이지만 하는 사람들은 정말 힘들다.
2. 한두 번 해선 절대 그 진가를 알 수 없다.
3. 자신에게 맞는 방법만 찾으면 더 재미있고, 꾸준히 할 수 있다.

좀 더 많은 공통점을 찾아내기 전에 차이점 하나가 떠올랐다. '일기쓰기는 자신에게 맞는 방법을 알려주는 코치가 없다!'

유튜브, 헬스, 발레는 쉽게 포기할 수 있다. 하지만 다시 시작하기도 쉽다. 왜냐하면 좋은 코치가 많기 때문이다. 하지만 일기쓰기는 포기해도 다시 하기 힘들다. 좋은 코치를 찾기 힘들기 때문이다. 그래서 결심했다. 당신에게 필요한 방법으로 필요한 순간에 일기를 쓸 수 있도록 알려주는 좋은 코치가 되겠다고. 짧지 않은 시간 동안 유튜브를 비롯해 오프라인 강연, 워크숍 등을 통해 다양한 저널링 방법을 소개해 왔다. 그리고 생각보다 많은 사람들이 자신에게 맞는 방법과 재미를 못 찾고 있었음을 알게 되었다.

글쓰기와 관련된 강연이나 책에서 어떤 강사들은 이런 말을 많이 한다. "서랍 안에 넣어두고 혼자 몰래 읽을 일기가 아닌, 사람들이 읽을 만한 진짜 글을 쓰라." "당신의 일기 따위를 보기 위해 사람들이 돈을 내는 게 아니다."

참 안타깝다. 왜 일기를 이토록 저평가할까? 그들은 일기를 꾸준히 써보고 그런 소릴 하는 걸까? 그들의 인생에서 정말 꾸준히 무언가를 해본 게 과연 몇 개나 있을까? 그들은 농사 일지를 60여 년간 써서 역사적 가치를 인정받아 박물관에 기증한 김홍섭 할아버님의 얘긴 알고 있을까? 안네 프랑크가 일기로 자신의 정신을 붙잡지 않았다면 그 고난의 시기를 견딜 수 있었을까? 로마의 황금기를 이끈 마르쿠스 아우렐리우스의 일기는 『명상록』이라는 책이 되었다. 형식은 일기지만 그 깊이는 스토아 철학의 완성이라 불릴 정도로 깊다. 일기를 저평가하는 자들은 이런 글을 쓸 수 있는가? 그들의 논리대로라면 이순신 장군의 『난중일기』, 김구 선생의 『백범일지』의 가치는 어떻게 되는 걸까?

물론 그들이 말하는 '일기 같은' 글이 뭔지 짐작은 간다. 두서없고 장황하고 요점이 없는 글. 읽는 이를 더 혼란스럽게 만드는 글 따위를 부르는 것이겠지.

글의 가치로 본다면 일기쓰기는 부족할 수도 있다. 하지만 삶의 가치로 본다면 일기쓰기는 엄청난 가르침을 줄 수 있다. 그건 바로

'나에 대한 꾸준함'이다. 나는 '월에 얼마를 버는 글쓰기'가 아닌 '꾸준히 나를 관찰하는 일기쓰기'를 통해 정말 많은 것을 고치고 배웠다. 그리고 그 과정에서 참 많은 시행착오를 겪었다. 그래서 부디 당신은 그런 실수를 범하지 않길 바라는 마음으로 내 경험과 생각을 나누고 싶다.

그런 면에서 이 책은 당신에게 '글쓰기'가 아닌 '삶쓰기'라는 아주 유용한 기술을 선물해 줄 것이다. 우리가 직접 만나지 않더라도 이 책을 통해, 일기쓰기를 통해 당신이란 사람을 제대로 관찰하고 잘 기록하는 방법을 알려주는 친구가 되고 싶다.

꾸준함은 정말 무서운 능력이다. 겉으로 보면 사소하고 단순한 것을 반복하는 지루한 과정이지만 그 결과는 실로 엄청나다. 나는 게으른 완벽주의자로 이십 대, 그리고 삼십 대를 보냈다. 제대로 한 가지를 꾸준히 하는 것과는 정말 거리가 먼 사람이었다. 하지만 23년간 일기를 써온 내가 게으른 완벽주의자를 결국 이겼다. 일기쓰기는 삶쓰기가 되었고 이제 나는 무엇을 시도하든 이렇게 생각한다. '전지욱은 일기를 23년간 꾸준히 쓴 사람이다. 지금부터 시작할 것도 최소 20년은 할 수 있다.'

당신에게 내가 깨달은 삶쓰기를 잘 전하기 위해 총 네 개의 장으로 이 책을 구성했다. 1장은 처음 시작하는 이들을 위해 가장 기초적인 내용을 다루었다. 구체적으로 무엇을 어떻게 어디에 적어야 하는지 막막함을 느끼는 완전 초보자를 위한 내용을 담았다. 기록을 어느 정도 해본 사람들은 건너뛰어도 될 정도의 기초적인 내용이지만 되새김해 봐도 좋을 중요한 내용이다.

2장과 3장에서는 당신의 다채로움을 발견할 수 있는 13가지 일기쓰기 방법을 소개한다. 당신이 어떤 소망을 가지고 어떤 환경에서 어떻게 사는지 전혀 알 수 없기에 당신에게 필요한 방법들을, 끌리는 것들을 그때그때 적용해 보길 바라는 마음에 다양한 방법을 적었다.

4장은 23년간 기록을 하며 느낀 개인적 경험을 담았다. 일기를 쓸 때 자주 빠지는 함정들을 소개하며 당신이 나와 같은 실수를 반복하지 않도록 6가지 방법을 담았다. 사실 3장에서 끝나도 될 정도로 방법론은 충분히 담아냈지만 전지욱이란 사람의 치열하고, 부끄럽고, 사적인 이야기들을 전하고 싶었다. 이런 이야기를 담은 이유는 당신이 더 솔직하고, 더 진실한 마음으로 노트를 대하길 바라기 때문이다. 내 상처와 부끄러움을 보여줌으로써 당신 또한 자신의 상처와 부끄러움을 당당히 보길 바란다. 마주보기를 통해 우리의 상처는 흉터로 남고, 그 흉터는 오직 유일한 나만의 표식이 될 수 있으니까.

그리고 각 장 사이에 유튜브를 통해 공개한 기록 전문가들과의 인터뷰 내용도 발췌해 담았다. 삶을 기록하는 다양한 관점을 제공함으로써 편협할 수 있는 나만의 시각이 아닌 풍부한 시각으로 당신의 노트를 바라보길 바라기 때문이다.

다양한 시각이 한데 어우러진 이 책을 통해 당신의 삶이 지금까지 느껴보지 못한 새로운 맛이 날 수 있길 기도한다.

> 목차

프롤로그 4

1장 일기학개론
목적과 형식 14
소재 26
기록의 즐거움: 이재욱 35

2장 일기를 '다채롭게' 쓰는 6가지 방법

독특하게 써보기
이분할 일기 47
댓글체·편지체 일기 51
대본 일기 57

눈에 보이지 않는 것을 써보기
감사 일기 66
감정 일기 75
도파민 일기 85
무엇이든 적는 기록의 힘: 김지희 90

3장 일기를 '꿋꿋하게' 쓰는 7가지 방법

줏대 있게 써보기
정리 일기 103

	의사결정 일기	108
	관계 일기	120
	삶을 위해 써보기	
	몸 일기	129
	질문 일기	136
	의미탐구 일기	141
	죽음 일기	148
	기록이 나에게 거는 말: 꼼지	155

4장	**일기를 '계속' 쓰는 6가지 방법**	
	슬럼프 이겨내기	170
	좋은 일만 쓰지 않기	177
	일기장 숨기기	188
	나만의 필기구 찾기	197
	알맞은 시간에 쓰기	205
	변하지 않아도 쓰기	218
	기록을 다시 찾을 내가 힘낼 수 있도록: 코코	222

에필로그	237
참고 자료	241

1장 일기학개론

목적과 형식

23년간 일기를 썼습니다. 한 아이가 미숙한 어른이 될 만큼의 시간을 일기를 쓰며 깨달은 게 있습니다. 대부분의 사람들이 일기쓰기를 꾸준히 못하는 이유는 자신에게 맞는 목적과 형식을 못 찾기 때문이라는 겁니다.

'일기는 그냥 쓰면 되는 거 아니야?'라는 물음이 생길 수 있지만 일기에는 나름의 목적과 방법, 스타일이 필요합니다. 더욱이 일기를 처음 쓰기 시작한 분들이나 일기를 쓴 지 얼마 되지 않은 분들의 경우, 자기 자신에게 맞는 방법을 찾지 못하면 일기쓰기에 흥미를 잃고 평생 쓰지 않기도 합니다.

옷이나 화장품을 고를 때를 생각해 보세요. 그 물건들이 나에게 필요한지, 어울리는지를 정말 깐깐하게 따져봅니다. 그런데 자신을 기록하는 것에 대해선 노트 디자인 정도만 고를 뿐 자기에게 맞는 목적이 무엇이며, 어떤 형식이 맞는지 전혀 고려하지 않는 경우가 많죠. 자신에게 맞는 목적과 형식만 사용하면 일기는 그 어떤 친구보다 좋은 친구가 될 수 있음에도 많은 사람들이 그런 기회를 놓칩니다.

물론 일기쓰기에 관한 수많은 정보들이 퍼져있습니다. 당장 인터넷에 접속해 '일기 쓰는 방법'을 검색하면 수십, 수백 가지의 정보가 쏟아집니다. 하지만 그 정보들은 23년째 일기를 쓰고 있는 제가 보기엔 어딘가 아쉬운 점이 있었고 몇 번의 시행착오에 빠지게 했습니다. 앞으로 탄생할 일기쓰기 애호가들이 저와 같은 시행착오를 겪지 않았으면 하는 마음에서 이 장을 씁니다.

다섯 가지 목적

매일 꾸준히 무언가를 쓰는 행위에 목적이 없다면 오랫동안 지속하기 힘듭니다. 일기를 처음 쓰는 분의 대다수는 목적을 정확하게 설정하지 않아서 중도에 포기하는 경우가 많습니다. 저는 오랜 기간 일기를 쓰며 크게 다섯 가지의 목적을 찾았습니다. 아직 목적을 설정하지 않았거나 본인만의 목적이 부족하다고 느껴진다면, 이 다섯 가지 목적을 읽어 보신 후, 자신에게 맞는 목적을 골라 써보시는 것을 추천드립니다.

감정

첫 번째 목적은 감정입니다. 자신의 감정을 일기를 통해 쏟아내기 위한 분들을 위한 목적이죠. 내면의 감정을 외부로 쏟아내는 과정을 통해서 정신적으로 치유되는 듯한 느낌을 받을 수 있습니다. 이런 방식의 일기에는 감사 일기 혹은 감정 일기가 있습니다. 감정 해소가 본인의 목적에 맞는다면, 이 책의 2장에 들어있는 감사 일기와 감정 일기를 써보실 것을 추천드립니다.

그런데 감정을 목적으로 하는 일기쓰기에는 단점이 있습니다. 사람들은 일반적으로 스트레스를 많이 받기 때문에 부정적인 감정을 표출할 때가 많습니다. 그러면 일기장에 내가 쏟아낸 부정적인 감정이 잔뜩 들어가서 감정 쓰레기통의 역할을 하기도 합니다. 이런 경우 일기장을 다시 펼치고 싶지 않을 수 있습니다. 그렇기 때문에 부정적인 방식의 감정 표출은 일시적인 해소감을 줄 수는 있지만 일기쓰기를 지속하는 힘을 키워 주지는 못합니다. 저도 한때 부정적인 감정을 마구 쏟아냈던 시기가 있었습니다. 그 결과 1년 정도 일기쓰기를 멈췄습니다. 본인의 성향이 부정적인 감정을 많이 쏟아내도 일기쓰기에, 일상을 살아내기에 큰 지장이 없다면 추천하는 방식입니다.

감정을 마구 쏟아내어 쓰고 싶지만 부정적 영향을 받을까 봐 두려운 분들에게 두 가지 팁을 드립니다. 부정적 감정도 감정이므로 표출이 필요합니다. 그러니 일명 '블랙노트'를 만들어 가감없이 쏟아내 보세요. 그리고 열어보지 말고 몇 년 이상 묵혀놓으세요. 그때 내가 힘들었다는 것 말고는 기억이 나지 않을 정도로 세월이 흐른 뒤에 열어보는 것도 좋습니다. 그럼 오히려 배우는 게 많습니다. '그땐 죽을 듯이 힘들었는데 지금 보니 별 것 아니었구나……' 할 수도 있고, 이런 힘든 시기를 견뎌낸 자신이 대견하게 느껴질 수 있죠.

두 번째 팁은 노트가 아닌 낱장 종이에 쓴 다음에 찢어버리는 겁니다. 정말 속상하고 토해내고 싶은 안 좋은 감정이 있다면 휘갈겨 쓰고 쿨하게 착착 찢어 버리세요. 그 행위만으로도 위안과 묘한 쾌감을 얻기도 합니다.

제일 안 좋은 것은 아무것도 기록하지 않는 것입니다. 바로 제가 1년 동안 멈췄던 것처럼 말이죠. 전 그때 제가 정확히 무엇 때문에 얼마나 어떻게 힘들었는지 상기하고 싶어도 알 수 없습니다. 그저 그때 마음이 힘들었다는 기억 정도밖에 없죠. 아무것도 기록하지 않으면, 아무것도 얻을 수 없습니다. 그러니 힘든 감정들도 적어두는 것이 미래의 나를 위해 좋을 수 있습니다.

기록

두 번째 목적은 기록입니다. 기록에 목적을 두는 일기는 마치 데이터 분석가처럼 일상을 객관적으로 관찰하는 스타일의 일기쓰기를 의미합니다. 자신이 무엇을 먹고, 타고, 받고, 보고, 읽고, 생각했는지, 그리고 시간별로 어떤 일을 했는지 자세하고 꼼꼼하게 적습니다.

이런 목적의 일기는 데일리 리포트 혹은 습관 추적같은 형식을 좋아하는 분들이 애용하는데요. 기록을 목적으로 하는 일기쓰기의 장점은 자기객관화를 제대로 할 수 있다는 것입니다. 자신이 실제로 어떤 생각과 행동을 하는지를 객관적으로 바라볼 수 있습니다. 예를 들면, 성적 향상을 원하는 사람이 학습 일기를 통해 자신의 공부습관과 행동을 추적한 결과, 실제로 공부하는 시간이 두 시간도 안 된다는 것을 발견하고 고칠 수 있는 것처럼요. 저는 삼십 대에 들어서면서 기록 목적의 일기를 써봤습니다. 그리고 기록 목적의 일기를 쓰는 것은 제 자신을 돌아보는 데에 큰 도움이 됐습니다. 지금도 게을러진다고 느껴질 때면 시간이나 습관을 추적하곤 합니다.

단점이 있다면 저같이 게으른 완벽주의자에게 이런 형식의 일기쓰기는 쉽지 않다는 겁니다. 간혹 기록이 엉성한 날의 일기를 마주하면 정말 힘들어집니다. 뭔가 실패한 것 같고, 스스로에게 서운하기도 했습니다. 심할 때는 자책하거나 자신을 비난할 때도 있었습니다. 일기장에 기록하는 행위가 의무나 업무처럼 느껴져서 일기쓰기가 싫어질 때도 있었습니다. 장점과 단점이 명확하지만 자신을 더 나은 사람으로 바꾸고 싶으신 분들께 추천드립니다.

수집

세 번째는 수집입니다. 이 목적은 일기쓰기 초보자에게 많이 권합니다. 초보자의 경우에는 노트를 볼 때마다 기분이 좋아지는 경험이 특히 중요합니다. 일기장을 펼치고 싶고, 또 거기에 무언가를 기록하고 싶은 마음이 들어야 꾸준히 쓸 수 있습니다.

그러기 위해 처음 일기쓰기를 시작하는 사람이 쉽고 편하게 시도할 수 있는 방법은 본인이 좋아하는 것을 담는 것입니다. 좋아하는 노래 가사, 감명 깊게 읽었던 책의 구절, 즐겁게 본 영화나 미술관 티켓 등을 일기장에 쓰거나 붙이는 겁니다. 저도 이십 대에는 이것저것 많이 붙이고 수집하면서 노트를 채웠습니다. 그렇게 했기 때문에 일기 쓰기에 애정이 많이 생겨 지금까지 지속할 수 있었다고 생각합니다.

다만 두 가지 주의드릴 것이 있는데요. 예쁘게 꾸미는 '다이어리 꾸미기'를 말하는 것이 아닙니다. 정말 내 취향에 딱 맞고 영감을 주는 사진, 글, 말, 영화 대사, 책 구절, 명언, 시, 노래 가사 추억이 깃든 나만의 징표들을 '수집'하라는 얘기입니다. 다른 사람이 봤을 때 정신없고 산만하고 지저분해 보일지라도 그 노트의 주인인 당신은 큰 기쁨을 느낄 수 있는, 그런 노트를 만들어보세요.

두 번째는 수집에만 그치면 안 되고 그게 왜 마음에 드는지 짧게 댓글을 달아놓으셔야 한다는 점입니다. 본인 취향의 문장을 발견하면 써놓고 그 문장이 왜 마음에 드는지 자신만의 짧은 감상을 써 두세요. 이유를 모르겠더라도 '너무 좋아 미치겠다. 이게 왜 이렇게 좋지?'라고 써놓으세요.

수집만 해놓은 것은 진정한 나만의 일기가 아니기 때문입니다. 만약 취향이 비슷한 누군가가 나와 똑같은 것들을 수집하면 그 노트는 유일한 것이 아니죠. 하지만 당신만의 수집한 이유가 적혀 있는 노트는 당신만의 유일한 기록물이 됩니다. 세월이 한참 흐른 뒤 그 노트를 다시 훑어보면 수집했던 것보다 그걸 수집한 당신의 생각이 더 가치 있게 다가올 거예요. 그러니 부디 수집만 하지 마시고 수집한 이유를 짧게라도 같이 적어주세요.

소통

네 번째는 소통입니다. 앞서 설명해 드렸던 감정 목적의 일기쓰기와 약간 겹치는 부분이 있기도 하지만 차이가 있습니다. 감정 목적은 내가 느낀 감정을 전부 쏟아내는 게 목적이었다면, 소통 목적의 일기쓰기는 스스로에게 질문을 던지고, 다시 본인이 그 질문에 대답하는 과정을 수행하는 겁니다. 이를 관조*나 관찰**이라고 부르기도 합니다.

소통 목적의 일기쓰기의 장점은 본인도 몰랐던 속마음을 발견할 수 있다는 것입니다. 저도 스스로 물어보고 답하는 과정을 일기로 쓴 지 1년 정도 되었는데, 나이를 먹어도 여전히 자신에 관해 모르는 게 많다는 걸 느낍니다. 자신을 타인이라 생각하며 질문하고 대답하는 과정에서 묘한 쾌감도 느낄 수 있고 애정이나 연민이 생기기도 합니다.

물론 이 목적에도 단점은 존재합니다. 생각이 많고 복잡한 분의 경우, 고도의 자기합리화를 통해 거짓으로 대답할 수도 있습니다. 예를 들어 '나는 왜 친구를 만나지 않는가?'라는 질문에 '인간은 혼자 있

---

*   **관조**觀照   고요한 마음으로 사물이나 현상을 관찰하다.
**   **관찰**觀察   사물의 현상이나 동태 따위를 주의하여 잘 살펴보다.

을 때 많은 일들을 성취할 수 있다'와 같은 자기합리화가 이루어지기도 합니다.

개인적으로는 소통 목적의 일기를 쓰기 시작하면서부터 제대로 된 일기를 쓰고 있다는 느낌을 받았습니다. 그리고 생각이 깊어지며 문장력도 눈에 띄게 좋아졌습니다. 예를 들면 이렇게 말이죠.

오늘은 정신 없는 하루였다. → 왜 정신 없는 하루를 보냈을까? 일이 정말 많았을까? 아니면 내가 정신 없게 만든 걸까? → 정신이 없는 동안 나는 어디에 있는 걸까?

창조

마지막 목적은 창조입니다. 성공한 사람들을 살펴보면 메모를 광적으로 하시는 분들이 많습니다. 그들은 발명가 또는 사업가이거나 자신의 분야에서 혁신을 보여준 사람들입니다. 성공한 사람들은 메모를 통해 자신의 사고력을 발전시키고, 문득 떠오른 아이디어를 수집하고, 다른 아이디어와 결합하는 방식으로 새로운 무언가를 만들어 내는 경우가 많습니다.

저도 최근 들어 창조를 목적으로 일기를 쓰고 있습니다. 쓰는 중에 어떤 아이디어가 떠오르면 바로 적어 두고, 그러다 보면 좋은 아이디어를 발견하기도 합니다. 이 방법의 경우 투두리스트 to-do list를 작성하거나, 내가 꿈꾸는 목표를 적고 그것들을 잊지 않기 위해 계획과 방법을 찾는 형식의 일기입니다. 그래서 어떤 정확한 형식보다는 아이디어 수집, 스케치 등의 자유로운 형태를 띱니다.

창조 목적의 단점은 자신이 세운 목표를 달성하지 못하거나, 좋은 아이디어를 떠올리지 못하는 것에 대해 스트레스를 받을 수도 있다는 것입니다. 특히 저처럼 게으른 완벽주의자에게는 더욱 심한 스트레스로 다가오죠. 하지만 완벽주의자가 아닌 분에게는 도움이 되는 방식일 겁니다. 개인적으로는 창조 목적의 일기쓰기가 다섯 가지 목적 중에서 가장 실용적이고 가치 생산적이라고 생각합니다.

네 가지 형식

지금까지 다섯 가지 목적에 대해 설명드렸는데요. 이번에는 일기의 형식에 관해 알아보겠습니다. 일기쓰기의 목적을 정한 후 호기롭게 일기를 쓰려고 하면 아직은 무언가 부족하다는 느낌 혹은 막막함을 느낄 수 있는데, 그건 바로 쓰는 형식 때문입니다.

키보드를 사용해 컴퓨터에 쓸지, 아니면 펜으로 종이 노트 위에 쓸지, 스마트폰 애플리케이션을 이용할지 등의 선택지가 많다 보니 어려울 수 있습니다.

대부분의 일기쓰기 초보자가 느끼는 형식 선택의 어려움을 네 가지로 구분해 보았습니다. 바로 타이피스트 Typist, 라이티스트 Writist, 레코디스트 Recordist, 아티스트 Artist입니다. 네 가지 형식 중 본인이 어디에 속하는지, 어떤 방식과 맞는지 찾아보시길 바랍니다.

타이피스트 Typist

타이피스트는 말 그대로 키보드로 일기를 쓰는 형식입니다. 타이피스트와 라이티스트 사이에서 방황하고 있다면 자신의 머릿속 생각의 속도를 기준으로 판단하라고 말씀드리고 싶습니다.

타이피스트의 경우 생각이 굉장히 빠른 분에게 적합합니다. 펜으로 글씨를 쓰는 속도가 생각의 속도를 따라가지 못하는 분이라면 훨씬 빠르게 입력할 수 있는 타이핑을 권장합니다. 덤으로 타이핑을 하다 보면 타건감에서 쾌감을 얻을 수 있습니다.

그리고 타이피스트의 경우, 컴퓨터의 개인 문서에 일기를 작성하기 때문에 보안이 확실하다는 장점도 있습니다. 타인이 자신의 일기를 보지 않을까 하는 두려움 때문에 일기쓰기를 힘들어하는 경우에는 타이피스트가 적합할 겁니다. 물리적 실체가 없는 디지털 형태의 일기라는 점은 단점이 될 수도 있고, 동시에 장점이 될 수도 있습니다.

라이티스트 Writist

저는 예전에는 타이피스트였다가 현재는 라이티스트로 바꿨습니다. 제가 형식을 바꾼 이유는 종이 때문인데요. 타이핑을 하다 보면 일기를 아무리 많이 써도 써온 일기의 양이 한눈에 보이지 않습니다. 저는 1년에 한 권 정도의 일기를 쓰는 편인데, 연말에 일기장을 보면 사용한 페이지는 많아져 있고, 새로 쓸 수 있는 분량은 적어져 있는 것을 보며 만족감과 성취감을 느낍니다. 제가 확인하고 싶은 내용을 바로 확인할 수 있다는 장점도 있습니다. 날마다 달라지는 글씨체와 글씨 크기를 보면서 일기를 작성할 당시의 심리와 여러 변화를 확인하는 재미도 있습니다. 아날로그 감성이 넘치는 분은 라이티스트가 정답입니다.

라이티스트 형식에도 단점은 있습니다. 글을 쓰는 속도가 느리다는 겁니다. 가끔 일기를 쓰다 보면 봇물 터지듯 생각이 마구 솟아나는 날이 있는데, 손으로 적다 보면 아무래도 손이 생각의 속도를 따라잡지 못할 때가 많습니다. 이러한 단점을 고려했을 때, 생각의 속도가 빠른 분에게는 앞서 말씀드린 것처럼 라이티스트보다는 타이피스트를 추천드립니다.

레코디스트 Recordist

레코디스트는 음성이나 영상으로 일기를 기록하는 형식을 말합니다. 유튜브에 수많은 브이로그 VLOG* 가 있지만, 그렇다고 해도 레코디스트는 글로 일기를 기록하는 경우에 비하면 흔한 사례는 아닙니다. 글을 쓴다는 행위 자체에 두려움이 있거나, 본인의 글씨체가 마음에 들지 않거나, 쓰는 것보다는 말로 표현할 때 어휘력이 풍부해지는 분들이 있습니다. 그런 경우에는 녹음을 하거나 영상을 촬영하는 것을 추천드립니다.

---

* 비디오와 블로그의 합성어로 일상을 촬영한 영상 콘텐츠.

저는 음성을 분석해서 텍스트로 바꿔주는 프로그램을 이용해 레코디스트 형식을 시도해 본 적이 있습니다. 개인적으로는 다른 사람들이 있는 공간에서 말하는 게 눈치가 보여 저와는 맞지 않는 형식이라고 생각했습니다.

레코디스트의 가장 큰 단점은 지난 일기를 다시 보기 힘들다는 겁니다. 몇 년 전에 썼던 일기를 보고 싶을 때 종이나 파일에 기록해 놓은 문서들은 쉽게 확인할 수 있지만, 음성이나 영상으로 기록한 경우에는 일일이 재생하면서 원하는 기록을 찾아야 하는 번거로움이 있습니다.

아티스트 Artist

마지막으로 아티스트는 사진이나 그림, 영상 등의 다양한 이미지로 글을 대신해 일기를 작성하는 형식을 말합니다. 최근 우리가 자주 사용하는 SNS로 본인의 생각이나 감정을 이미지와 함께 업로드하는 것도 여기에 속합니다. 음악을 더함으로써 일기를 더욱 풍부하게 만들 수도 있고요. 예술가들의 경우에는 일기가 창작 활동으로 이어지는 창조의 목적을 갖고 있기도 합니다.

레코디스트와 아티스트 형식은 일기가 꼭 문자로만 이루어진 것이 아닌, 이미지나 음악 등의 여러 가지 모습으로 만들어질 수 있다는 점에서 일기의 무궁무진한 가능성을 보여줍니다.

소재

본격적으로 일기를 쓰기 위해 노트와 펜은 물론이고 태블릿, 키보드, 노트북까지 샀지만, 여전히 막막합니다. 왜냐하면 소재를 정하지 못했기 때문인데요. 그렇다면 일기장에 도대체 뭘 써야 좋을까요? 어떤 소재를 가지고 써야 의미 있는 일기가 될까요? 23년의 노하우를 바탕으로 일기쓰기 소재에 관한 내용을 깔끔하게 정리해서 알려드리겠습니다.

경험

일기의 소재는 일기를 쓰는 주체인 내가 겪은 경험입니다. 경험이라는 건 사건과 느낌이 결합된 겁니다. 사건과 느낌이 서로 만날 때 경험이 생깁니다. 그리고 바로 이 경험을 일기에 적으면 됩니다!

「냉장고를 부탁해」라는 방송 프로그램을 보신 적 있나요? 저는 어느 집에나 있을 법한 재료를 가지고 셰프들이 멋있게 요리를 척척 만들어내는 모습을 담은 이 프로그램을 참 좋아했습니다. 셰프들이 단시간에 평범한 재료로 뛰어난 요리를 만들어낼 수 있었던 이유는 그들이 주어진 재료를 제대로 이해하고, 목적에 맞게 다룰 수 있었기 때문입니다. 한마디로 재료에 대해 잘 알고 있기에 가능한 일이었죠.

그동안 제가 일기를 쓰면서 느낀 것은 일기가 요리와 비슷하다는 것입니다. 오늘 내가 겪은 경험이 재료가 되는 것이고, 그 재료를 가지고 맛있게 요리를 만들어 낸 게 일기입니다. 일기를 쓰고는 싶은데 쓸 내용이 없다고 하소연하는 경우가 많은데요. 그 말을 이렇게 바꿔보겠습니다. '요리를 하고는 싶은데 요리할 재료가 없어서 못하겠다.'라고요. 그렇다면 일기에서 재료라는 건 도대체 뭘까요? 제가 앞에서 언급드리기도 했지만 여러분은 직관적으로 아실 것 같습니다.

바로 경험입니다. 경험이라는 재료는 매일 겪고 있지만 까먹거나 잘 보지 못하는 경우가 많습니다. 셰프가 요리 재료를 잘 다루듯이 우리도 일기 재료를 잘 다룰 수 있다면, 꾸준히 일기를 쓰는 게 당연해지고 더불어 재미있게 쓸 수 있을 겁니다. 그렇다면 재료는 무엇인지 조금 더 깊게 파고들어보겠습니다.

사건

여러분이 영화나 드라마 속 주인공이라고 가정해봅시다. 주인공은 하나의 사건을 만나게 됩니다. 그리고 그 사건을 통해 어떠한 느낌을 갖게 됩니다. 그것은 여러분만의 경험, 즉 이야기가 됩니다. 사건이란 단어가 주는 뉘앙스가 무겁게 느껴질 수도 있습니다. 하지만 여기서 말하는 사건이란 누군가 죽거나 연인이 바람을 피우는 등의, 영화 혹은 드라마에서 주로 일어나는 극적인 이야기만을 의미하지는 않습니다. 일기쓰기에서 말하는 사건은 시간이, 공간이, 사람이, 기존의 일상과는 달라지는 순간을 말합니다. 각 요소들에 대해서 좀 더 자세히 설명드리겠습니다.

시간은 우리가 매일 만나는 동시에 규칙적으로 변하는 것 중 하나입니다. 시간에 따라 하루는 아침에서 저녁으로 바뀌고, 계절은 봄에서 겨울로 바뀝니다. 공간은 생명이 없으면서 나와 관련된 모든 것이라고 말할 수 있습니다. 집, 학교, 회사, 버스, 지하철, 식당, 카페 등과 같은 물리적 공간에서부터, 스마트폰, 노트북, 악기, 골프채, 카메라 등의 물건이나 맛있는 음식, 좋아하는 술, 즐겨 듣는 음악, 감상한 영화나 예술 작품에 이르기까지 생명이 아닌 모든 것을 포함하는 개념입니다. 반대로 사람은 나와 관련된 모든 생명체를 의미합니다. 우리 주변에 가장 많이 있는 생명체가 사람이기 때문에 사람이라고 부를 뿐이고 강아지나 고양이 같은 애완동물이나 식물도 포함됩니다.

예를 들어 중요한 만남에 지각했다고 합시다. 이런 경우 시간의 관점으로 볼 수 있는 사건입니다. 방 청소를 했다고 한다면, 공간적인 측면에서 변화가 일어난 사건입니다. 직장 상사나 후임이 나에게 말을 걸었다면, 사람의 측면에서 사건이 일어난 것입니다. 여행 같은 경우에는 시간, 공간, 사람 세 가지 모두 일상과 달라지는 사건이라고 할 수 있습니다.

느낌

사건이 발생하면 빛의 속도보다 더 빠르게 따라붙는 것이 있습니다. 바로 느낌인데요. 느낌은 생각과 감정으로 구성되어 있습니다. 사건마다 우리의 생각과 감정은 달라집니다. 결국 일기쓰기는 시간, 공간, 사람의 변화에 따른 생각과 감정의 변화를 기록하는 작업입니다. 위에서 예로 들었던 사건에 느낌을 더해보겠습니다.

"중요한 회의에 지각했고, 그 순간 나 대신 고생할 동료들의 얼굴이 떠올랐고, 게으른 내가 미워졌다."

시간에 느낌까지 포함된 일기가 완성되었습니다.

"방 청소를 했고, 물건들이 차분하게 정리되는 모습을 보니 기분이 뿌듯했다."

이건 공간 변화에 따라 느낌도 변화한 경우입니다.

"상사가 말을 걸어서 또 야근을 시키려나 보다 했는데, 오늘은 정시에 퇴근하게 됐고, 좋아하는 방송을 놓치지 않았다. 기분이 날아갈 것 같다."

이건 사람의 변화에 따른 느낌의 변화입니다.

여기서 더 나아가 긍정적인 에너지까지 이끌어내는 일기의 예시를 살펴보겠습니다. 우리는 시간을 어떻게 느끼고 있을까요? 내 얼굴에 생기는 주름, 커가는 자녀의 모습, 늙어가는 부모님의 모습 등을 보면서 우리는 시간과 관련된 감정을 느낍니다. 여러분의 하루를 시간이라는 안경을 쓰고 유심히 살펴보면, 미세하지만 확실히 변화하는 순간들이 보일 겁니다. 변화를 발견하는 순간, 내면에 어떤 느낌이 생겨날 겁니다. 그걸 일기에 적으시면 됩니다.

싱어송라이터인 아이유 님은 자신의 나이로 앨범을 내는 영감의 원천이 무엇인지에 관해 질문을 받은 적이 있습니다. 아이유 님은 '자신의 생각과 느낌이 해마다 변하는 것을 느끼며, 거기에서 영감을 얻어 노래를 만든다'고 대답했습니다. 시간의 변화에서 오는 느낌을 잘 살펴보고, 예술에 활용한 좋은 예시입니다.

상상

앞의 이야기가 아티스트에게만 해당되는 일은 아닙니다. 우리도 충분히 할 수 있습니다. 우리의 일상에 상상력 한 스푼만 넣으면 됩니다. 시간에 상상력을 더해 봅시다. 무궁무진한 소재를 뽑아낼 수 있습니다. 일기에 반드시 (방금 전까지는 현재였던) 과거에 있었던 일들만 써야 하는 건 아닙니다. 미래의 나, 미래의 자녀, 미래의 배우자에게 기대를 담은 편지를 써보면 어떨까요? 또는 과거의 철없던 나, 어리숙하고 부족했던 나에게 위로를 건네는 편지를 써보면 어떨까요? 혹은 내가 멋있다고 생각했던 순간의 나에게 부러움의 편지를 써보는 건 어떨까요?

공간

우리의 하루가 쳇바퀴처럼 굴러간다고 느끼는 건 공간 때문일 가능성이 큽니다. 집과 학교, 집과 회사를 오가는 단순한 동선 안에서는 일상이 단조롭다고 느끼기 쉽습니다. 일단 그렇게 느끼기 시작하면 단조로운 일상에서 벗어나 여행을 가거나 맛집을 찾아다니게 되죠. 하지만 그런 새로운 경험으로 인해 기존의 일상이 더 재미가 없어지고 더 재미있고 더 새로운 곳을 찾게 되기도 합니다. 그렇다면 내 삶의 대부분인 일상을 계속 지루하게 보내고, 얼마 안되는 찰나의 행복한 순간들을 위해 살아야 할까요? 일상의 공간을 새롭게 보는 방법은 없을까요?

제2차 세계대전 당시, 나치의 감시를 피해 공장 구석 깊숙한 창고에 숨은 열세 살 소녀와 소녀의 가족들이 있었습니다. 2년 동안 창고 안에서만 생활해야 했던 소녀의 이름은 안네 프랑크Anne Frank입니다. 안네는 좁은 은신처에서 긴 시간을 버티기 위해 검은 커튼 틈새로 밖을 구경하기도 하며 많은 일기를 썼습니다.

한정된 공간 속에서도 일기쓰기를 멈추지 않았던 안네처럼, 우리의 소재는 무궁무진합니다. 공간이라는 안경을 끼고 여러분 주위를 살펴보세요. 거리에 붙은 포스터, 들려오는 음악, 보도블록 사이 피어난 꽃과 풀, 계절 따라 변하는 길거리 음식들을 비롯해 여러 가지가 눈에 들어올 겁니다. 여기에도 약간의 상상력을 더할 수 있습니다. 우리 스스로 변화를 만들어 볼 수도 있습니다. 책상이나 방을 정리하는 건 어떨까요? 예전에 많이 사용했던 물건이나, 집 근처에 있지만 자주 걷지 않았던 길을 걸어보는 것도 좋습니다. 만약 이런 노력에도 불구하고 시간이나 공간적인 측면에서 소재가 많이 떠오르지 않는다고 실망할 필요는 없습니다. 훨씬 흥미진진하고 무궁무진한 소재가 남아 있으니까요.

사람

카페, 술집, 스마트폰, 메시지, 이메일 등 언제 어디서나 우리는 사람에 관해서 얘기합니다. 연예인, 친구, 심지어 엄마 친구의 아들까지. 사람과 사람이 만나서 사람에 대한 이야기를 합니다. 사람이 사람을 만나서 사람에 관한 이야기를 하는 것만큼 재미있는 건 없을 겁니다. 어떤 시간, 어떤 공간에 가도 그 장소에 사람이 빠져있으면 별 감흥을 느끼지 못할 겁니다. 사람과 사람은 많은 사랑과 상처를 주고받습니다. 소재 때문에 일기쓰기가 막힌다면 사람에 대해서 써보는 건 어떨까요?

방법은 다양합니다. 간단하게 쓸 수도 있습니다. 과거에 만났던 사람들, 내가 상처를 줬거나 사랑을 받았던 사람들에 대해서 써보시기 바랍니다. 그때는 차마 하지 못했던, 지금에 와서 해주고 싶은 말들을 써보는 겁니다. 외국에서 만난 친구, 고향에 있는 사람, 내가 롤모델로 삼은 인물 등 어떤 사람이어도 상관없습니다. 여러분의 기억 속에 존재하는, 시간과 공간 속에 있는 사람들에게 말을 걸어보고, 그들에게 받은 느낌을 일기로 써보세요.

로마의 황금기를 이끌었던 위대한 황제 중 한 명인 마르쿠스 아우렐리우스Marcus Aurelius는 긴박한 전쟁터에서 자신과 주변 사람들에 관한 일기를 썼습니다. 그리고 그 일기는 『명상록』이라는 이름으로 오늘날까지 전해지고 있습니다. 그는 일기에 이렇게 썼습니다. "너의 마음을 즐겁고 기쁘게 하고자 한다면, 네가 함께 어울리는 사람들의 좋은 점들을 떠올려보라."*

꼭 사람이 아니어도 됩니다. 주변의 모든 생명체가 일기의 소재가 될 수 있습니다. 예를 들어 고양이나 강아지처럼 우리에게 무한한 사랑을 주는 반려동물을 통해서 많은 감정을 느낄 수도 있습니다. 그들에게 받은 느낌을 일기에 적어보는 겁니다. 아마 행복하고 귀엽고 따뜻한 일기가 될 겁니다. 식물도 가능합니다. 우리가 자연을 만나면 사람이나 동물을 만날 때와는 다른 무언가 거대하고 풍부한 숭고미를 느끼게 됩니다. 1980년대에 억울한 누명으로 13년 동안 감옥 생활

---

* 마르쿠스 아우렐리우스, 박문재 역, 『명상록』, 현대지성, 2018, 126쪽.

을 해야 했던 청년 황대권 씨는 세상에 대한 원망 대신 작은 텃밭에서 야생초를 비롯한 여러 가지 식물을 기르며 자연을 관찰했습니다. 그 과정에서 느낀 것을 일기로 썼고, 그 일기는 『야생초 편지』라는 베스트셀러가 되었습니다.

 우리는 논문이나 책을 쓰려고 일기를 쓰는 게 아닙니다. 그저 소박한 일상을 재미있게 기록하려고 쓰는 겁니다. 지금 이 순간부터 주위에서 일어나는 변화를 유심히 살펴보세요. 아마 눈앞에 엄청난 재료들이 굴러다닐 겁니다. 그중에서 마음에 드는 것을 골라서 맛있게 요리하면 됩니다.

기록의 즐거움

기록은 창문과 같아요.

창문을 통해서 밖을 볼 수도 있고, 안 볼 수도 있고,

보고 싶은 걸 볼 때도 있고, 보기 싫은 걸 볼 때도 있잖아요.

이재욱
인스타그램 @coach_wook
블로그 blog.naver.com/woondong_joa_gym

지욱

먼저 이재욱 님에 대해 소개해드릴게요. 저의 PT 선생님입니다.

재욱 님은 운동과 기록을 병행하면서 성과를 이루신 분인데요. 그것에 대해 알려주실 수 있을까요?

재욱

운동부터 이야기해 볼게요. 운동을 시작한 건 고등학생 때입니다. 아버지가 갑자기 헬스장을 가자고 하는 거예요. 아버지께서 사업 중 만난 지인을 통해 헬스장 관리자분을 알게 되셨나 봐요. 이용권을 끊기는 했는데, 처음이고 어렸을 때니까 할 줄 모르잖아요. 아버지도 잘 모르시니까 둘이서 러닝머신하고 사이클만 했어요.

며칠 하다 보니 재미가 없어서, 아버지께 PT 끊어주기로 하지 않았냐고 말했어요. 그랬더니 아버지가 딱 열두 번의 PT를 끊어주셨어요. 그때부터 저의 운동 인생이 시작됐죠. 기록은 운동 4년 차, 군대에서

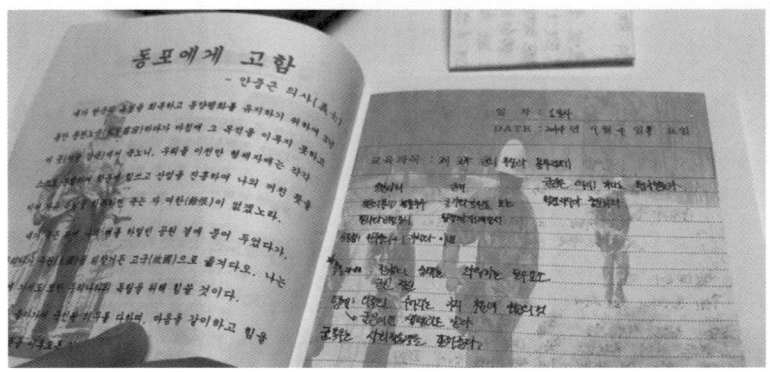

처음 시작했습니다.

이게 그때 작성했던 학습장입니다. 훈련소에서 이걸 주더니 뭔가 써보라고 하더라고요. 일지 같은 걸 써보라고 하는데 제가 해본 적이 없어서 뭘 써야 할지 모르니까 두세 줄 적으면 끝나버리더라고요. 이게 생각보다 어려워서, 스스로에게 왜 이렇게 못 적냐는 생각이 들었어요.

지욱

한번 펼쳐봐도 되나요? 많은 내용이 담겨있네요.

재욱

편지, 계획, 훈련 순서 등 여러 가지가 적혀있어요. 수료 날짜도 기록되어 있네요. 이런 내용도 있어요.

 "우선 나가서 트레이너로 알바를 시작하고 동시에 토익 공부를 해서 어디 가겠다."

이때부터 트레이너가 되고 싶었나 봐요. 9년 전 기록입니다. 회상해 보자면 그때는 대학을 다시 가고 싶은 마음이 있었네요.

지욱

군대 들어가기 전에 이미 트레이너가 되겠다는 생각을 갖고 계셨던 건가요?

재욱

아니요. 전혀 그렇지 않아요. 이걸 왜 적기 시작했냐면 군대에서 처음에는 제가 장갑차 조종수를 했거든요. 부대원들이 모여서 자기소개하는 시간을 가졌어요. 다들 자신에 대해 설명하더라고요. 자기는 뭘 하다 왔고, 어떻게 재미있게 놀았고. 근데 저는 운동을 좀 하기는 했지만 저를 설명할 게 딱히 없더라고요. 잘 떠오르지 않았어요. 사실 제가 무슨 일이 있어도 잠을 잘 자는 게 장점이거든요. 근데 그때 인생에서 처음으로 잠이 잘 안 왔었어요.

지욱

자기소개가 힘들어서요?

재욱

맞아요. 저에 대해서 설명하기가 어려우니까, 나는 왜 설명을 못할까에 대해서 많은 고민이 있었어요. 군대에서의 기록은 나를 설명할 수 있으려면 어떻게 해야 할까, 나는 뭘 해야 좋을까를 1년 반 동안 알아보는 과정이었어요. 그래서 그런지 내용을 보면 대부분 뭘 해야 할지에 대해서 적거나, 뭘 하고 싶은지에 대해서 적거나, 그랬던 기억이 있습니다.

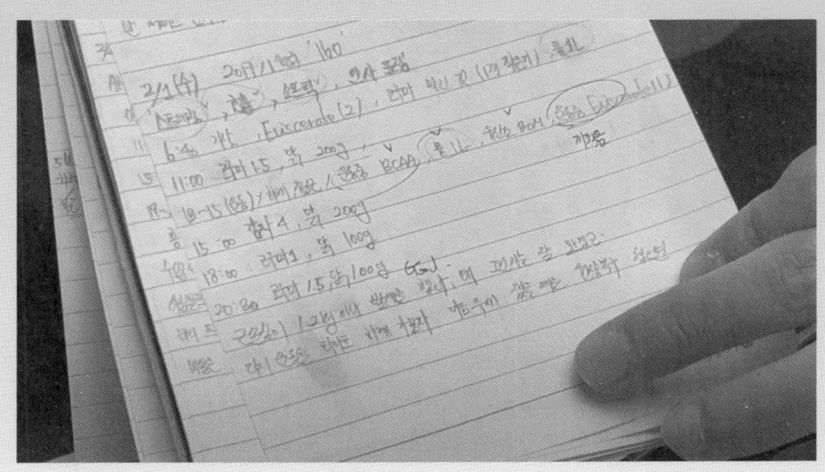

 사실 제가 기록을 일정한 형태로 한 게 아니라 노트가 다 달라요. 이건 트레이너를 할 때의 기록이네요. 여기 붙여놓은 건 2016년도에 PT를 해드렸던 회원님의 청첩장이에요. 그때 받은 걸 이렇게 붙여놨었네요.

 제가 군대에서 작성했던 운동 기록이 되게 많았는데 지금은 어디 있는지 찾지를 못하겠어요. 그래서 제대 후의 기록 위주로 가져왔습니다. 이것도 제대 이후의 기록이에요. 운동에 대해서 써 있는데, 부위별로 뭘 해야 할지, 관리를 어떻게 할지 기록되어 있네요. 내용을 보면 당시에 수분을 조절하고 있었나 봐요. 바디 프로필을 처음 찍는 날이었던 것 같아요. 1월 27일에서 28일이라고 한 거 보니까 이게 2017년도네요.

 요일별로 운동도 기록되어 있고, 수분량도 측정돼 있고, 식사를 뭘

해야 할지 이런 것들이 다 적혀 있네요. 특별한 형식이 정해진 게 아니라 어떨 때는 운동에 대해서 적기도 하고, 어떨 때는 생각에 대해서 적기도 하고 그랬어요. 늦잠을 잔 날은 "정신 차리자.", 일찍 일어난 날은 "아주 좋다."라고 썼네요. 적을 말이 없었나 봐요.

지욱

그래도 적으셨네요. 하루에 한 바닥은 쓰겠다는 마음이었나 봐요. 그러면 지금은 운동을 업으로 삼으면서 운동 일지를 쓰시잖아요. 그 (기록의) 변천사를 알 수 있을까요?

재욱

제가 기억하기로 처음에는 운동 계획 일주일 치를 적었어요. 최초의 방향성을 적고요. 그 후로는 월 단위, 그다음에 다시 기간을 쪼개서 주 단위, 그걸 다시 쪼개서 일 단위를 잡았었어요. 그리고 실행해 본 후 계획을 조금씩 수정하는 방식으로 진행했어요.

예를 들면 일주일 단위로 해본 다음, '이런 느낌이니까 다음에는 이렇게 하자.'는 식으로요. 당시엔 운동이 직업은 아니어서 감으로 했어요. '이렇게 하니까 느낌이 좋다.', '몸이 좋아졌다.', '중량이 늘었다.' 같은 식으로 하면서 포인트를 잡고 스스로 피드백했어요.

그런 과정에서 동네 친구들한테도 알려주고 하다 보니 저만의 코칭 멘트가 생기더라고요. 그렇게 1년 정도 운동을 하다 보니 자연스럽게 트레이너의 길로 이어졌네요.

　기록도 자연스럽게 달라졌어요. 예전엔 아무거나 일단 적었는데, 운동을 시작하면서 운동에 관한 내용으로 채워졌어요. 여기에 보면 회원들에 대한 얘기도 적혀 있고 운동에 대한 얘기도 적혀 있어요. 종목이나 회원들의 특징에 대해서도 적어놨고요.

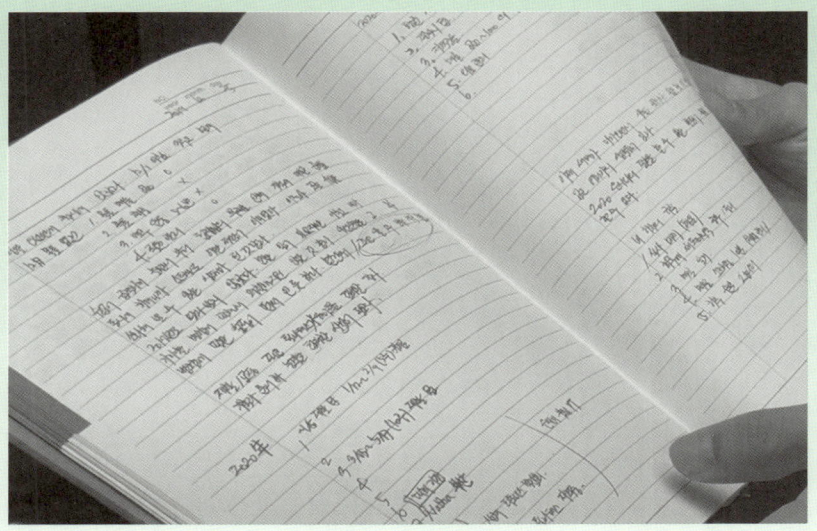

지욱

　궁금한 게 있어요. 사실 누가 기록하라고 시킨 게 아니잖아요. 우연히 군대에서 시작된 건데 이렇게 꾸준히 이어지고 있잖아요. 혹시 부모님이나 주변으로부터 영향을 받은 건가요?

재욱

아니요. 그런 건 전혀 없어요. 자기 정체성에 대한 고민, 그 계기가 진짜 컸어요. 기록을 통해 어떻게 변했는지 말하고 싶어요. 저는 기록하는 이유를 이렇게 생각해요. 생각을 쉽게 표현하지 못하는 사람들, 특히 긍정적인 것보다는 부정적이거나 어려운 감정을 만난 사람들이 생각을 밖으로 표현하는 수단인 거죠.

기록은 창문과 같아요. 창문을 통해서 밖을 볼 수도 있고, 안 볼 수도 있고, 보고 싶은 걸 볼 때도 있고, 보기 싫은 걸 볼 때도 있잖아요. 그런 것처럼 기록을 통해 저를 보는 거죠. 저의 여러 가지 면을 관찰할 수 있는 거예요. 그전에는 나의 정체성도 모르고 스스로 믿을 수 없다는 생각이 강했거든요. 기록을 시작하면서 객관적인 시선에서 스스로를 보면서 이해하고, 응원할 수 있었어요. 특히 응원이 중요하다고 생각해요. 결과적으로 기록을 통해 많은 걸 얻었지만 가장 큰 건 저를 믿는 마음, 이게 정말 큰 변화였어요.

지욱

혼자서 꾸준히 이어가셨다는 게 정말 대단해요. 저는 일기쓰기를 시작하는 분들에게 형식에 얽매이지 말라고 하거든요. 재욱 선생님은 그렇게 하고 계시네요. 그러면 요즘에는 운동이나 사업 말고 다른 쪽으로도 기록하는 게 있으세요?

재욱

블로그에 저의 운동 철학에 대해서 쓰고 있어요. 전자책을 만들어보고 싶은데, 블로그는 그걸 위한 연습이에요. 큰 목표는 전자책이고, 좀 더 작게는 칼럼을 쓰고 있고, 더 작게는 블로그를 올리고, 더 작게는 인스타그램을 운영하고 있어요. 전자책은 아무래도 어렵더라고요. 그래도 결국 하면 되니까, 일단 하면 돼요. 저의 삶의 태도가 그래요. 일단 해요. 일단 하면 됩니다. 물론 어느 경지에 도달하는 건 노력해도 안 될 수 있어요. 재능이 없을 수도 있고, 환경이 그럴 수도 있죠. 그런데 그런 게 중요한가요? 결국에는 저의 분수에 맞게, 제 노력에 맞게끔 결과가 나올테니까요.

지욱

좋은 이야기를 굉장히 많이 해주셨어요. 기록 10년의 경험을 들려주신 거니까요.

마지막으로 운동이나 기록이나 중요하다고 생각하시는 게 있을까요? 저는 꾸준함과 그 꾸준함을 용인할 수 있는 희생, 인내력 같은 게 중요하다고 생각하거든요. 재욱 선생님은 어떠신가요?

재욱

그것도 아주 중요하죠. 그러나 정말 오래 지속하기 위해선 무엇이 필요할까. 우선 호기심이 있어야 한다고 생각해요. 무한한 호기심에서 오는 무한한 반복, 무한한 흥미. 결국 재미죠. 그래서 호기심을 계속 유발하게 하는 재미를 만들어나가는 게 가장 중요해요. 결국 재미있냐, 재미있게 바라볼 거냐, 재미있게 했냐, 그 시도 안에서 결과가 있을 겁니다. 학자들을 보면 몇십 년이라는 시간 동안 한 가지 학문만 연구하잖아요. 왜 그럴까요? 무한한 호기심 때문이지 않을까요? 꾸준히 하려면 재미가 있어야 해요.

지욱

맞아요. 그러면 이제 마지막 질문이에요. 만약 내일 죽는다고 한다면, 삶의 마지막 날에는 일기에 어떤 내용을 쓰고 싶으세요?

재욱

질문을 할 것 같아요. 그동안 재미있게 살았는지. 재미가 있었나? 후회는 없었나? 내가 추구하는 것에 몰두했나? 이것에 대해 써 내려갈 것 같아요. 저는 몰입이 주는 재미가 상당히 크다고 생각하거든요. 예를 들어 일기를 쓸 때, 운동을 할 때, 생각이 없어지고 그것에만 몰입하는 순간들. 저는 그걸 극대화시켜서 삶 자체에 몰입하려고 많이 노력해요. 그렇게 몰입하는 순간 자체가 다 재미있어요.

2장 일기를 '다채롭게' 쓰는

6가지 방법

독특하게 써보기

이분할 일기

우리는 종종 선택의 순간에 놓입니다. 물론 두 마리 토끼를 다 잡는 경우도 있습니다. 예를 들어 초콜릿도 먹고 싶고 우유도 먹고 싶을 때, 초코우유를 선택하면 조금은 미묘해도 둘 다 해결할 수 있습니다. 일기쓰기에서도 이런 선택의 순간이 발생합니다. 일상도 기록하고 감정도 기록하고 싶을 때, 우리는 어떻게 해야 할까요?

경험 = 사건 + 느낌
일기의 소재는 경험이고, 경험은 사건과 느낌의 결합이라고 앞서 말씀드린 것 기억하시나요? 때문에 경험은 동시다발적이고 매우 복잡하고 다양한 형태로 일어납니다. 그렇기 때문에 많은 분들이 사건과 느낌을 잘 기록하고 싶어서 두서없이 일기를 써본 경험이 있을 거예요. 잘 쓰고 싶어서 열심히 쓰는데 왜 쉽지 않을까요? 그건 바로 우리가 경험을 기록하는 과정에서 사건과 느낌이 혼용된 상태, 즉 우리가 경험한 그 상태 그대로 기록하기 때문입니다.

비트겐슈타인의 일기

일기쓰기를 통해 우리가 얻을 수 있는 가장 큰 유익은 일기가 우리의 일상생활에 도움이 되는 무언가를 만들어 준다는 것입니다. 이렇게 말하면 누군가는 일기로 출판을 할 수 있는 것도 아니고, 유용한 정보를 담지도 못하는데 어떤 효용이 있냐고 물을 수 있습니다.

그런 삐딱한 물음에 이분할 일기 작성법의 고안자 루드비히 비트겐슈타인Ludwig Wittgenstein*의 이야기로 대답을 드리고 싶습니다. 비트겐슈타인의 이분할 일기 작성법은 아주 간단합니다. 비트겐슈타인은 노트 한 장을 반으로 나눠서 왼쪽에는 일기를, 오른쪽에는 철학적 연구를 기록했습니다. 이를 통해서 비트겐슈타인은 한 개인으로서 전쟁 속에 겪는 생생한 경험과 철학자로서 자신의 사상을 발전시키는 연구 과정 이 두 가지를 동시에 진행할 수 있었습니다.

이분할 일기 써보기

이제부터 저는 이 방식을 이분할 일기라고 부르겠습니다. 이분할 일기는 한 번에 두 가지를 분류해서 기록함으로써 일상의 주제와 나만이 연구하는 특수한 주제, 이 두 가지를 모두 다 하나의 노트에 담는 방법입니다. 일기장의 절반은 일반 기록 주제를 쓰고, 그 반대편에는 자기만의 특별 주제를 적는 것입니다.

---

* 오스트리아 출신의 철학자. 제1차 세계대전 참전 중에 일기를 썼으며, 서양 근대철학사의 명저로 평가받는 『논리철학논고』는 이때의 기록을 엮은 책이다.

이분할 기록법의 장점은 자신이 집중하는 주제를 놓치지 않고 계속 추적할 수 있다는 것, 실제 내가 경험한 객관적 사실과 그로 인해 내가 느끼는 느낌을 분리해서 적어볼 수 있다는 것, 그리고 이 모든 것을 다 한 권의 노트에 적을 수 있다는 것입니다. 일상 기록도 놓치지 않고, 자기가 집중하고 있는 특별한 주제에 대해서도 놓치지 않는 아주 효율적인 방법입니다. (여기까지 읽고 무릎을 '탁!' 친 분은 지금 당장 시도해 보세요.)

저는 비트겐슈타인의 이분할 기록법을 처음 봤을 때 레이아웃이 굉장히 단순하다는 점이 마음에 들었습니다. 단순함은 여러 종류의 응용을 가능하게 하기 때문입니다. 예를 들어 왼쪽에는 데일리 리포트 형식의 기록을 쓰고, 오른쪽에는 그날 느낀 내 생각과 감정을 적는 것도 가능합니다.

학생이라면 왼쪽엔 자신이 공부한 공부 내용들을 적고, 오른쪽엔 자신만의 논쟁을 해볼 수도 있고요. 일반 기록러들의 경우에는 자신이 봤던 영화나 미술 작품 등에 대한 객관적 사실을 왼쪽에 적고, 그것을 보면서 느꼈던 자기만의 감상은 오른쪽에 적어보는 방법도 있습니다. 책을 읽을 때 좋은 문장을 필사해놓고 반대편에는 그 내용이 왜 좋았는지, 어떤 부분이 자기에게 끌렸는지에 대한 소감을 적어보는 것도 좋을 것 같습니다. 아니면 비트겐슈타인처럼 왼쪽엔 자신의 일기를, 오른쪽엔 자기가 집중하고 있는, 혹은 연구해야 하는 자기만의 프로젝트 내용을 적을 수도 있겠습니다.

유용성

우리가 하루 동안 겪는 일은 동시다발적으로, 매우 복잡하게 일어납니다. 나의 밖에서 일어나는 일(사건)과 나의 안에서 일어나는 일(감정)은 따로따로 일어나지 않습니다. 이외에도 다양한 요소들이 하루 안에 공존해 있기 때문에 이 모든 일을 일기로 기록하는 일은 결코 쉽지 않습니다. 그렇지만 두 개의 카테고리로 적는다면 어렵지 않습니다.

제가 생각한 이분할 기록법의 또 다른 매력은 노트를 한 권 더 만들지 않아도 된다는 점입니다. 많은 분들이 일기를 쓰다가 주제별로 노트를 따로 만들어본 적이 있을 겁니다. 일이나 학업, 운동, 집필 중인 작품 등에 따라서 왠지 모르게 일기와는 별도로 다른 노트에 기록해야 할 것 같은 생각이 들기도 합니다.

기존에 나눠 쓰기를 잘하고 계셨던 분들은 지금 그대로 하시면 됩니다. 하지만 저같이 게으른 완벽주의자들은 노트가 한 권 이상 늘어나면 관리를 못한다는 문제가 있습니다. 그래서 저는 한 권의 노트에 최대한 모든 것을 기록하려고 노력하는 편이고요. 이런 면에서 저 같은 사람들에게는 이분할 기록법은 정말 '혜자스러운' 방법입니다.

그렇지만 이분할 기록법은 다양한 방법 중 하나일 뿐입니다. 자신에게 맞으면 사용하고, 아니면 다른 방법을 사용하시면 됩니다. 무엇보다 중요한 것은 방법 그 자체가 아니라 글을 통해 성장의 결실을 맺는 것이죠.

댓글체 · 편지체 일기

여러분은 매번 '오늘' 혹은 '나는'으로 시작하는 일기쓰기에 지겨움을 느껴본 적 없나요? 제가 일기쓰기 20년 차에 접어들었을 때 알게 된 정말 놀라운 사실은 그렇게 오랫동안 일기를 썼음에도 가끔은 일기를 쓰고 싶지 않은 날도 있다는 것이었습니다. 그리고 제가 왜 그런 현상을 겪었는지 생각해 봤습니다. 여러 가지 이유가 있었지만 단순하고 가장 큰 이유는 바로 '지루함' 때문이었습니다. 일기가 매일 비슷한 문장으로 시작되거나 같은 내용이 계속 반복될 때 우리는 지루함을 느낍니다.

단어 바꾸기

우리가 일기에 쓰는 것은 문장이고, 그 문장의 주요 성분은 단어입니다. 쓰는 단어들이 한정적이거나 새로운 자극을 주지 못할 때 우리는 지루함을 느낄 수 있습니다. 그래서 일기쓰기에 지루함을 느낄 때는 과감하게 단어부터 바꾸는 것도 지루함을 격파할 하나의 방법입니다. 그렇다면 단어를 어떻게 바꾸면 될까요?

먼저 새로운 단어를 수집해야합니다. 출근길, 퇴근길, 등하굣길, 놀러 가는 길, 혼나러 가는 길 등 우리는 매일 어떤 길을 지나칩니다. 자신이 주로 다니는 길에서 잠시 멈춘 다음에 주변에 보이는 여러 가지 사물이나 생명체들을 보면서 단어를 수집해 보세요. 일관된 흐름이나 논리 따위는 벗어던지고 그냥 떠오르는 것들, 눈에 보이는 것들을 적어보세요.

예를 들면 이런 것들입니다. 낡은 대문 장식, 버려진 의자, 오토바이와 자전거, 실외기, 온수기, 곰 인형, 표지판, 꼬마 가로등, 이름 모를 꽃. 단어의 개수에 집착할 필요는 없습니다. 문장을 쓰고 싶은 생각이 들 때까지 단어를 수집하면 됩니다. 사람에 따라서 두세 개의 단어만 주어지면 바로 문장이 나오는 분도, 아주 많은 단어가 필요한 분도 있으실 겁니다. 문장이 바로 나오지 않아도 걱정하지 마세요. 저는 스무 개에서 서른 개 정도를 수집해야 문장들이 나오기 시작하더라고요. 여러분도 충분히 쓰실 수 있습니다.

댓글체 일기 써보기

단어를 충분히 수집했다면 그다음은 제일 중요한 '댓글 달기'입니다. 여기서 중요한 건 동그라미와 꺾인 화살표입니다. 단어를 쓴 다음 그 단어에 댓글을 달아보는 거예요. 이런 식입니다.

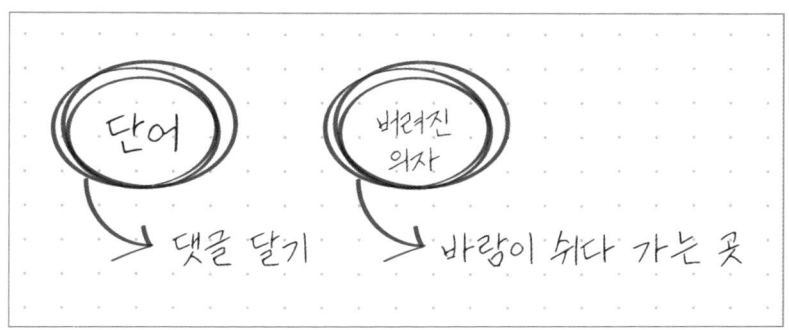

댓글 일기는 매일 보는 똑같은 것들을 다른 관점으로 봄으로써 새로운 영감을 얻는 간단하면서도 쉬운 방법입니다. '이 정도는 양손으로 밥 먹으면서 발로도 할 수 있겠네요.'라고 생각한 분들이 계실 겁니다. 그런 분들을 위해 준비한 문체 바꾸기 고급반 과정을 소개합니다. 바로 편지 일기입니다.

편지체 일기 써보기

메일이나 메시지를 보내는 게 너무 쉬워진 요즘, 잊혀진 것은 바로 편지입니다. 저도 군인 시절 이후로는 누군가에게 편지를 써본 적이 없는 것 같습니다. 편지는 집중의 시선을 내가 아닌 누군가를 향해 바뀌게 하는 엄청난 능력을 가졌습니다. 그리고 누군가를 향해 시선의 방향이 바뀌는 그 순간, 내 안에서는 소중하고 따뜻한 마음을 전하고 싶은 욕구를 느끼게 됩니다. 이건 메일이나 메시지를 쓰면서는 느낄 수 없는 뜻깊은 경험이자 풍부한 감정입니다. 그렇다면 이걸 일기쓰기에 응용해보면 어떨까요?

편지로 일기를 쓸 때 가장 신경 써야 하는 부분은 대상을 모호하게 잡는 것입니다. 예를 들어 첫사랑이나 어릴 적 친구처럼 실제로 존재하고 만나본 적 있는 사람을 대상으로 쓰면 처음에는 재미있지만 나중에는 할 말이 별로 없어지고, 상대방과 내가 갖고 있는 추억이 한정적이다 보니 내 일상을 풍부하게 모두 담기에는 대화가 잘 이루어지지 않을 수도 있습니다. 그리고 상대방에게 실제로 편지를 전달할 수 없다는 실망감 때문에 금세 포기하게 됩니다. 그렇다면 누구를 대상으로 해야 좋을까요?

저는 그 대상에 바로 '연진이'라는 이름을 붙여보길 추천합니다. 여기서 말하는 연진이는 드라마 「더 글로리」의 연진이가 아니라 추상적인 인물을 지칭합니다. 제가 생각했을 때 연진이가 될 수 있는 사람들은 이런 존재입니다. 아직 태어나지 않았지만 언젠가 태어날 나의 자녀, 아직 만나지 못했지만 곧 만나게 될 나의 연인, 10년 후의 나, 다른 차원에 살고 있는 나, 내가 좋아하는 캐릭터, 상상으로 만들어낸 나의 가상의 친구 등등. 핵심은 그 대상을 어떻게 설정하든지 간에 그 사람과 여러분의 관계는 사랑이 넘치고 신뢰가 충분히 쌓여 있는 관계라고 가정하는 겁니다. 일기를 매일 쓰게 만드는 힘은 어떻게 보면 삶에 대한 나의 진심 어린 애정에서 비롯하기 때문입니다.

그리고 이렇게 써보세요.

연진이에게

사람들의 옷은 얇아지고 따뜻해지는 분위기. 연진아, 벌써 봄이 왔어. 정확히 말하자면 봄이 오는 중이지. 난 이 계절이 싫어. 뭔가 분위기가 좋아지는 듯하지만 정작 잎들은 아직 제대로 피지 않고 여전히 앙상한 가지들이 덩그러니 있는 그런 시기거든. 이 시기가 마치 내 상황과 비슷한 것 같아. 무언가 나아질 듯한 희망의 냄새는 풍기는데 여전히 이렇다 할 행복은 보이지 않는 그런 느낌.

넌 어떻게 지내니? 잘 지내고 있지? 요즘 내가 느끼는 것들이 뭔가 잘못된 걸까? 내가 충분히 강하지 못하기 때문에 뱉는 그런 앙탈 같은 걸까? 뉴스는 절망스러운 소식들로 가득한데, 자연은 어쩌면 저렇게도 한결같은지. 이럴 땐 신은 우리의 고통 따위는 안중에도 없는 것처럼 보여. 아니면 우리가 느끼는 모든 고통은 결국 이런 계절처럼 흘러간다는 걸까?

진짜 웃긴 건 나는 이 어중간한 시기가 싫으면서도 설렌다는 거야. 곧 있으면 벚꽃이 피니까. 매년 피는 그 흔한 벚꽃인데 왜일까? 분명 신나게 구경해 놓고서는 벚꽃이 졌다고 또 신을 원망하겠지? 이렇게 보면 내 앙탈도 벚꽃처럼 어김없이 찾아오고 어김없이 떠나버리는 것 같아.

어김없이 찾아오는 것들이라…… 나이를 먹는 거, 꼬마들의 웃음소리, 점심시간에 마시는 커피, 웃긴 영상들, 명절, 벚꽃, 카드 청구서, 길고양이, 신호등의 초록불, 나의 멍청한 선택들, 누군가의 잔소리 그리고 이렇게 너한테 편지를 쓰는 시간. 와야 할 것들은 이렇게 어김없이 찾아오는데 그

와중에 우리가 할 수 있는 건 뭘까?

모든 불행과 모든 행운이 동시에 찾아온다면 너는 뭐라고 말해줄래? 불행이 오면 최대한 빨리 보내주고, 행운이 찾아오면 최대한 반갑게 맞이해 주고, 보낼 땐 쿨하게 보내주는 거, 뭐 이 정도일까? 중요한 건 봄은 너와 나에게 동시에 온다는 것. 너의 좌절이 나의 좌절보다 적길, 너의 기쁨이 나의 기쁨보다 크길, 나의 용기가 너의 용기 못지않길, 부디 나의 봄이 너의 봄과 같기를. 오늘도 눈부신 하루가 되길 바라. 보고 싶다.

사랑을 담아 지욱이가

대본 일기

여러분의 일기에 혹시 이런 문장이 자주 등장하지는 않나요?
"나는 왜 이럴까?"
"난 정말 부족해."

만약 그렇다면 자아존중감이 낮지는 않은지 생각해 볼 필요가 있습니다. 그렇다고 섣부른 절망은 금물입니다. 오히려 이런 문장들은 자기 비하를 적극적으로 드러내기 때문에 자신에게 문제가 있음을 인식할 수 있습니다. 정말 심각한 문제는 자기 자신을 '은근히' 비하하는 겁니다. 그런 분들은 자신의 일기장에 이런 문장들을 씁니다.
"난 반드시 OO을 해야 한다."
"또 망쳤어."
"사람들은 왜 나를 필요할 때만 찾을까? 내가 만만해 보이나?"
"OO 때문에 정말 짜증 난다."

자기 집착

심리학 지식이 마치 유행처럼 퍼지던 때에는 '남보다 네가 더 소중해.', '자존감을 높여야 해.'와 같은 말들이 이곳저곳에서 들려왔습니다. 저도 이런 말들을 아무런 비판 없이 수용했습니다. 그랬더니 어떻게 되었을까요? 제가 저 자신을 소중히 여기게 되고, 저의 자존감이 높아졌을까요? 이상하게도 저는 저 자신에게 집착하기 시작했습니다.

집착의 결과가 무엇인지 우린 너무나도 잘 알고 있습니다. 과도한 애정으로 자녀를 조종하려는 부모님, 애인의 자유를 억압하는 연인, 유명인을 스토킹하는 팬. 이런 경우엔 물리적, 법적으로 타인과 거리를 두게 하는 식의 제재를 받을 수도 있습니다.

하지만 자기 자신에게 집착하기 시작하면 어떻게 될까요? 내가 나를 조종하려 든다든지, 내가 나의 자유를 침범하거나 내가 나를 스토킹한다면 어떻게 될까요? 생각만 해도 정말 끔찍합니다. 저는 저 자신에 대한 집착을 수년 동안 해왔고, 집착을 내려놓고 나서야 비로소 자존감을 회복하고 더 나은 삶을 살 수 있었습니다.

내 안의 수많은 나

밥 딜런 Bob Dylan의 전기를 다룬 영화 「아임 낫 데어」I'm Not There를 보셨나요? 이 영화 컨셉이 정말 재밌습니다. 밥 딜런 인생의 중요한 시기마다 인종과 성별이 다른 여러 배우가 밥 딜런을 연기합니다. 여러 명의 배우가 한 인물을 연기함으로써 밥 딜런이 하나의 인격체가 아닌 여러 인격체를 갖고 있다는 사실을 보여줍니다.

　위의 사례처럼 지금 우리가 느끼는 '나'라는 존재는 유일한 하나의 존재가 아닙니다. 내가 유일한 존재가 아니라니! 이 무슨 뚱딴지같은 소리냐고 물으실 수 있겠지만, 우리가 하나의 이름을 갖고 하나의 몸을 사용할 뿐이지, 나라는 존재는 단수의 개념이 아닌 복수의 개념에 속합니다. 그래서 뇌과학에서는 나라는 개념이 허상에 가깝다고 설명합니다.

　그 증거로 많이 등장하는 사례가 바로 제이슨 이야기*입니다. 자동차 사고로 뇌에 큰 손상을 입은 제이슨은 의식의 반만 가진 식물인간 상태가 됩니다. 제이슨은 아침에 눈을 뜨고 밤에 잠을 자는 행동을 할 뿐 누군가를 알아보거나 말하거나 걷지도 못합니다. 그냥 눈을 뜬채로 멍하게 있는, 마치 좀비와 같은 상태입니다. 그런데 제이슨의 아버지가 옆방에서 전화를 걸면 제이슨은 갑자기 의식을 회복하고 아버지와 멀쩡히 통화를 합니다. 그리고 전화를 끊고 아버지가 방에 들어오면 제이슨은 다시 좀비 상태에 빠집니다.

　제이슨의 사례를 연구한 학자들은 인간의 의식이라는 것이, 즉 나라는 존재가 하나가 아닌 둘 이상이라는 것을 깨닫게 됩니다. 그런데 왜 우리는 나라는 존재를 단 한 명으로 인식할까요? 그건 바로 우리가 아주 뛰어난 작가이기 때문입니다. 우리는 우리가 살면서 겪은

---

*　신경과학자 라마찬드란Vilayanur Ramachandran의 텔레폰 증후군

모든 경험을 나라는 주인공 한 명이 겪는 어떤 이야기로 기억합니다. 이걸 전문용어로 일화 기억episodic memory이라고 합니다. 한 명이 겪는 이야기를 우리의 인생이라고 생각하는 겁니다. 그래서 자존감이 낮은 건 인생이라는 영화에서 나라는 등장인물에 대한 평가를 작가인 내가 굉장히 안 좋게 내린 결과입니다.

자신과의 진정한 대화

그럼 도대체 자존감이라는 것은 어떻게 해야 올릴 수 있는 걸까요? 스스로를 소중하게 대하는 것, 긍정 확언 등 여러 가지를 해봤지만 그중에서 제가 가장 크게 도움을 받았고, 지금도 주변 사람들에게 많이 추천하는 것은 바로 자신과의 진정한 대화입니다.

'진정한 대화'는 제가 만든 개념이 아니라 20세기의 위대한 철학자 마르틴 부버Martin Buber가 만든 개념입니다. 쉽게 말해서 우리가 대화할 때 조언, 비난, 가치판단을 하지 않은 상태로 서로를 존중하면서 대화하게 될 경우 둘 다 서로 예상하지 못했던 미지의 세계로 한 단계 더 고양되는 성장을 경험합니다. 그래서 전 이 개념을 갖고 자신과 대화하는 방식의 일기쓰기 방법을 만들어 봤습니다. 뭔가 어렵고 대단할 것 같지만, 의외로 너무 쉽고 게다가 무척 재미있는 방법입니다.

대본 일기 써보기

자, 그러면 이제 여러분의 노트를 한번 펼쳐 보세요. 여러분이 영화 대본 작가라고 생각하고 일기를 쓰시면 됩니다. 진짜 영화 대본을 쓰는 건 아니고 그냥 대사만 쓰면 됩니다. 이때 중요한 것은 등장인물을 최소 두 명 이상 등장시키는 겁니다.

첫 번째 등장인물은 아주 친숙한 바로 '나'입니다. 자신의 이름을 쓰고 그 인물(나)의 고민이나 생각하고 싶었던 여러 가지 말들을 주저리주저리 하도록 시킵니다. 기분 좋은 상태에서 해도 괜찮지만 대본 일기쓰기가 특히 효과를 발휘하는 경우는 부정적인 생각이 들 때나 고민 같은 것들이 가득 차 있을 때입니다.

예를 들면 이런 방식입니다.

지욱: 지금 내가 하는 일이 진짜 내가 원하는 일일까? 잘 모르겠어. 어제 만났던 그 친구가 더 많은 성취를 이룬 것 같아. 나는 그저 쓸데없는 시간 낭비만 하는 것 같고.

이렇게 부정적인 생각과 고민을 적고, 두 번째 인물을 등장시킵니다. 두 번째 등장인물의 이름은 무엇이든 상관없지만, 여기서는 'B'라고 부르겠습니다. 이 사람은 무슨 일을 하는 사람인지 모르겠으나 굉장히 가치 중립적이고 이야기를 매우 잘 들어주는 사람입니다. 그래서 이 사람은 내 이야기를 침착하게 다 들어주고 질문만 한두 개씩 던지는 역할을 수행합니다.

예를 들면 이런 식으로요.

B: 나라도 그런 생각이 들 것 같아. 하지만 너도 열심히 노력했어. 특히 올해 들어 되게 건강하고 잠재력이 높은 삶을 살고 있잖아.

지욱: 맞아. 확실히 작년이나 재작년과는 다른 삶을 살고 있긴 해. 유튜브나 인스타그램을 하면서 성장하는 나를 느끼고 있고, 내가 상상하지도 못했던 사람들과 연결되고, 수많은 기회가 생기고 있지.

B: 그럼 그런 일들의 잠재적 가치는 1억보다 적을까?

지욱: 글쎄. 솔직히 말해서 아직은 잘 모르겠어. 당장 눈에 보이는 수익도 아니고, 그렇다고 무시하자니 전혀 가치가 없어 보이진 않거든. 하지만 이 선택에 대한 확신은 들지 않네.

B: 그럼 지금 이 모든 걸 다 포기하고 다른 일을 할래?

지욱: 1억의 가치는 아직 모르겠지만, 적어도 지금 내가 하고 있는 일들이 포기하고 싶은 가치는 아닌 것 같아. 생각해 보니까 내 삶은 유한하고 이왕이면 좋은 이야기들로 나를 채워가고 싶어.

이런 식으로 내 이름을 가진 등장인물은 최대한 솔직하게 현재 느끼는 자신의 심경이나 생각들을 고백하고, 나머지 한 명은 아무런 가치판단도 하지 않으면서도 이야기를 침착하게 잘 들어주는 역할을 수행하는 겁니다. 만약 가능하다면 나와 다른 의견을 갖고 있는 제3의 인물을 등장시켜도 좋습니다. 그러면 대화가 입체적이고 풍성해지면서 발전적인 방향으로 향할 수 있거든요.

대본 일기쓰기의 규칙

자신과의 진정한 대화에 등장인물은 얼마든지 등장시켜도 상관없지만 반드시 꼭 지켜야 하는 규칙들이 있습니다. 첫 번째는 어떤 결과나 목표를 정확히 정해두고 대화하면 안 됩니다. 나를 어떤 식으로 조종해서 나의 자존감을 높여야겠다든지, 내가 꿈꾸던 어떤 확실한 무언가를 성취해야겠다는 목표 지향적인 대화를 하는 게 아닙니다. 대화의 핵심은 나도 상대방도 서로 예상하지 못했던 미지의 세계에 가고, 그곳에서 둘 다 고양되는 경험을 하는 것이 핵심이기 때문입니다.

두 번째는 가치판단은 절대 하지 않는 것입니다. 나는 편하게 말해도 상관없지만, 제2의, 혹은 제3의 인물은 내가 하는 이야기에 어떠한 가치판단을 하거나 의도를 갖고 질문하는 것이 아닌, 순수하게 물어보고 다른 관점으로도 대화를 시도해 보는 것이 핵심입니다.

세 번째는 존중하기입니다. 이게 가장 어려우면서도 가장 쉽습니다. 자신을 존중하라고 하면 어려운데, 타인을 존중하라고 하면 이해하기도 쉽고 행동으로 존중을 표현하는 것도 쉽습니다. 이와 마찬가지로 대본 일기를 쓰면서 나를 타자화함으로써 나를 존중하는 방식의 대화를 유도하는 것입니다. 이를 통해 내 속의 여러 명을 이끌어내어 존중하는 연습을 하는 겁니다. 그렇게 존중이 자연스러워지면 스스로를 존중한다는 개념이 어렴풋하게 이해가 되고, 그에 걸맞게 행동하게 됩니다.

자존감이라는 쉽지 않은 개념을 다뤘습니다. 그럼에도 대본 일기는 일상에 적용하기 쉽고 재미있는 방법입니다. 이 내용을 다 잊으시더라도 이 사실들은 꼭 기억하셨으면 좋겠어요. 나는 사실 한 명이 아닌 여러 명 즉, '우리'에 더 가깝다는 것. 자존감이 떨어지고 힘들어하는 나의 바로 옆에 그런 나를 도와줄 또 다른 내가 있다는 것. 자존감은 높이는 것이 아니라 또 다른 나를 발견하는 과정에서 자연스럽게 극복할 수 있습니다. 힘내세요!

눈에 보이지 않는 것을 써보기

감사 일기

제가 정말 어렵고 힘들었던 시절, 어느 자기계발서에서 감사는 마음의 풍요를 부르고 풍요는 부를 부른다는 내용의 글을 봤습니다. 그래서 매일 버스를 탈 때나 씻을 때, 걸을 때 등 소리 내 말할 수 있을 때마다 '감사합니다'라고 계속 중얼거렸습니다. 그랬더니 어떻게 됐을까요? 아무 일도 일어나지 않았습니다. 1년 넘게 했음에도 불구하고요. 저는 시간이 한참 흐른 뒤에야 제가 왜 아무런 효과를 보지 못했는지 깨달았습니다. 그건 바로 감사라는 게 도대체 뭔지, 어떻게 느끼는 것인지도 모른 채 감사를 그저 행복을 위한 수단으로만 여겼기 때문이었습니다.

감사의 복잡함

긍정심리학을 아시나요? 긍정심리학은 긍정적인 마음이 우리의 일상과 어떻게 연결이 되고, 우리의 삶을 더 나은 방향으로 바꿀 수 있을지 연구하는 학문입니다. 긍정심리학에서 특히 주목하고 있는 것은 바로 감사입니다. 감사 연구는 약 20여 년 정도 진행이 되었고, 그동안 많은 발견이 있었습니다.

긍정심리학자들은 감사는 두 가지 요소를 포함하고 있다고 설명합니다.* 바로 '자기 자신에 대한 긍정'과 '타인에 대한 긍정'입니다. 조금 더 쉽게 풀어 설명하자면, '어떤 좋은 일이 내가 아닌 누구 덕분에 일어났다'고 깨닫는 마음이 바로 감사입니다. 즉 감사는 '내가 아닌 타인이 나에게 베풀었다는 것을 인정하는 것'과 '나 자신이 좋은 것을 받을 수 있다는 긍정적인 마음가짐'이 동시에 작동하는 것입니다.

노스캐롤라이나 대학교 채플힐 캠퍼스의 안드레아 후송Andrea Hussong 심리학 박사는 수년간 감사에 대한 연구를 진행했고, 그 결과 감사는 네 가지 단계를 통해서 발생하는 경험**이라고 설명합니다. 그 네 가지 단계는 다음과 같습니다.

1단계: 알아채기
2단계: 생각하기
3단계: 느끼기
4단계: 표현하기

---

* 김주환, 『회복탄력성』, 위즈덤하우스, 2019, 219쪽.
** 안드레아 후송, 「What Parents Neglect to Teach About Gratitude」, 『Greater Good Magazine』, The Greater Good Science Center, 2017.11.21.

'알아채기'는 내가 감사를 느끼는 그 순간을 주목해서 어떤 순간이 감사한지를 찾는 과정입니다. '생각하기'는 이게 왜 나한테 감사한 일이지? 라고 반문하고 생각하는 과정입니다. '느끼기'는 타인이 나에게 베풀어준 이것으로 인해 내가 행복감이나 사랑받는다는 감정을 느끼는 것이고, 마지막으로 '표현하기'는 감사를 말로 표현하거나 그에 상응하는 보답을 하는 행위를 뜻합니다.

감사하기가 왜 어려운 것인지 이해가 되시나요? 우리가 무언가에 대해 감사하다고 표현하기 위해서는 생각보다 복잡하고 시간이 소요되는 세 가지 단계를 거쳐야 하기 때문입니다. 하지만 우리는 보통 마지막의 표현하기 단계에만 집중하고, 감사를 표현하는 것이 감사의 전부라고 생각합니다.

감사의 종류

심리학자 조나단 터지 Jonathan R. H. Tudge 와 그의 연구진은 14~17세의 여러 나라의 어린이를 대상으로 연구하던 중 연령과 국적에 따라 감사의 표현의 종류가 다르다는 것을 발견했습니다.* 감사 표현의 종류는 말로 표현하는 언어적 감사, 내가 좋아하는 것으로 보답하는 구체적인 감사, 그리고 상대방이 좋아할 만한 것으로 보답하는 연결적

---

* 조나단 터지 외 3인, 「The Development of Gratitude in Seven Societies: Cross-Cultural Highlights」, 『Cross-Cultural Research』(Volume 52, Issue 1), SAGE Publications, 2018, 135~150쪽.

인 감사가 있습니다. 브라질과 과테말라 아이들은 언어적 감사를 많이 표현했고, 미국 아이들은 구체적인 감사를, 중국과 우리 대한민국 어린이들은 연결적 감사를 많이 표현했다고 합니다.

특히 우리나라 아이들이 잘 표현한다는 연결적 감사는 상대방의 감정이나 상황을 잘 배려해서 표현해야 하는 굉장히 어려운 감사의 종류 중 하나인데요. 아이들이 이런 감사를 구사할 수 있는 이유는 기성세대가 그런 감사를 많이 표현했기 때문입니다. 그럼에도 우리는 왜 감사가 어려운 걸까요?

감사가 어려운 이유

학자들의 연구 분석*에 따르면 감사가 어려운 이유로 크게는 세 가지 이유, 작게는 네 가지 이유가 있습니다. 큰 이유 중 첫 번째는 부채 의식 때문입니다. 내가 타인으로부터 무언가를 받았으니 그에 대한 보답을 해야 된다고 생각하며 보답에 대한 염려를 스스로 느끼는 겁니다. 부채 의식 때문에 애초에 감사 자체를 느끼지 않으려고 하는 마음이 긍정적인 감정이 점점 메말라가는 악순환을 초래합니다. 두 번째는 권리 의식입니다. 권리 의식은 내가 받아야 할 것이 더 많다고 생각하는 것입니다. 결국 권리 의식의 핵심은 관계의 본질을 거래의 형태로 보게 됩니다. 내가 준 만큼 똑같이 혹은 내가 줬으니까 무조

---

*　제레미 애덤 스미스 외 3인, 손현선 역, 『감사의 재발견』, 현대지성, 2022, 113쪽.

건 받아야 한다는 식의 거래 개념으로 보는 겁니다. '이 세상은 내가 뿌린 대로 정확하게 거둘 수 있는 곳'이라는 통제에 대한 환상을 갖고 있습니다. 세 번째 이유는 누구나 다 아는 바로 적응인데요. 우리는 무엇에든 적응합니다. 그래서 아무리 감사한 것도 몇 번의 반복을 통하면 금방 적응하고, 감사한 마음을 점점 잃게 됩니다.

이 외에 학자들이 발견한 감사가 어려운 작은 이유 네 가지는 다음과 같습니다. 첫째, 남성의 경우 여성보다 감사의 표현을 평소에 덜 하고, 그로 인해 감사를 느끼는 것이 여성에 비해 상대적으로 적습니다. 이것이 꼭 단점은 아닙니다. 감사 일기를 통해서 감사한 마음을 느끼게 될 경우 여성보다 더 풍부하게 감사를 경험할 수 있다는 장점도 있어요. 둘째, 생명체가 아닌 사물에게 감사하는 경우가 많다는 겁니다. 앞서 말씀드렸다시피 감사를 느끼는 경험은 내가 아닌 타인이 나에게 베푸는 무엇에 대한 감사입니다. 그래서 베푸는 생명체가 아니라 그 생명체가 베푼 물건에게 감사를 느낀다는 겁니다.

셋째, 감사를 100% 진심으로 느껴야지만 감사하다고 생각하는 사람이 많습니다. 이게 정말 감사인가 아닌가 헷갈릴 경우에는 감사하지 않을 게 아니라, 감사하는 마음이 조금이라도 든다면 감사하다고 고백합시다. 감사에 대한 진심의 기준도를 낮추고 여유롭게 감사하는 마음을 갖는 겁니다. 넷째, 감사에 너무 집중한 나머지 받지 않고 계속 주려고만 하기 때문입니다. 너무 많은 것을 계속 주다 보면 받는 것에 기쁨과 감사를 느끼는 게 아니라, 줘야 한다는 강박을 갖게 돼서 오히려 스트레스로 작용할 수 있습니다.

감사 일기 써보기

감사를 제대로 느끼고, 감사하는 마음을 키우기 위해 할 수 있는 것에는 무엇이 있을까요? 바로 감사 일기입니다. 감사 일기를 쓰는 방법은 아주 쉽습니다. 바로 매일 밤 자기 전, 살아있는 생명체에 대한 감사 제목을 다섯 가지 쓰는 것입니다. 연구에 따르면, 감사를 기록하는 습관은 수면의 질을 높일 뿐만 아니라, 긍정적인 감정이 늘어나게 했으며, 운동 시간까지도 크게 증가시킨다고 합니다.* 또한 감사 일기를 쓰는 것이 우울증과 불안 증상 완화에도 효과를 보인다는 점을 발견했습니다.**

그리고 감사 일기는 쓰는 방법이 매우 중요한데요. 핵심부터 설명하자면 '아주 구체적으로' 써야 합니다. 앞서 말했듯이 감사를 경험하는 것은 쉽지 않습니다. 대충 '누가 커피를 사줘서 감사하다'라고 쓰면 안 됩니다. 그럼 어떻게 써야 할까요? 우선 감사하다고 생각되는 일에 세 가지 관점을 대입해서 써보세요. 바로 필요와 희생 그리고

---

* 로버트 A. 에몬스 외 1인, 「Counting Blessings Versus Burdens: An Experimental Investigation of Gratitude and Subjective Well-Being in Daily Life」, 『Journal of Personality and Social Psychology』(Volume 84, No.2), 2003, 377~389쪽.

** 마틴 E. P. 셀리그만 외 3인, 「Positive Psychology Progress: Empirical Validation of Interventions」, 『The American Psychologist』(Volume 60), 2005, 410~421쪽.

그것의 가치입니다.

'필요'는 내가 무엇을 필요로 하는 순간에 필요를 채워준 사람이 있는지 생각하는 겁니다. 커피를 마시고 싶은데 맛있게 만들어준 바리스타, 상쾌하게 일을 시작하고 싶었는데 사무실을 청소해 준 미화원, 운동을 제대로 하고 싶었는데 올바른 방법을 알려준 PT 선생님처럼요. '희생'은 상대방도 나처럼 힘든 상황에서 나를 도와준 것을 생각해 보는 겁니다. 같이 고생해서 힘들었을 텐데 먼저 고생했다고 말해준 동료나 친구나 선배들, 몰려드는 손님들 때문에 정신없는 와중에서도 내 눈을 똑바로 보고 감사하다고 말씀해 주시는 식당 아주머니와 같은 것입니다.

마지막으로 '그것의 가치'는 상대가 베풀어준 것이 구체적으로 나에게 어떤 의미가 있는지 쓰는 겁니다. 어중간하고 이기적으로 굴었던 나의 나쁜 연애관을 깨주기 위해서 이별을 통보한 애인, 인기 있는 콘텐츠가 아닌 좋은 콘텐츠를 만들라고 알려준 악플러들, 진정한 성취는 피나는 노력에서 나온다는 것을 알려준 선생님 등과 같은 겁니다.

주의사항

감사는 마치 근육처럼 키워 나가야 되는 마음의 근력입니다. 고로 한두 번 해보고 잘 안 된다고 실망하지 마세요. 주 2~3회씩 꾸준히 하다 보면 자기 자신의 변화를 느끼게 되고, 몇 개월 정도 쌓이면 주변 사람들로부터 변했다는 말을 들을 정도로 변화를 경험하게 됩니다.

감사 일기를 쓸 때 감사 제목을 다섯 개까지 채우지 못하겠다면 처음엔 단 하나라도 써보세요. 저는 감사할 것이 별로 없다고 생각되는 날에 어머니에 대한 감사를 꼭 씁니다. 저를 낳아주시고, 포기하지 않고 끝까지 길러주신 것에 대한 감사함을 씁니다.

그리고 감사에 대해 너무 집착하다 보면 내가 정말 잘해서 생긴 공인데도 불구하고 그것을 남에게 미룰 수도 있습니다. 나의 노력으로 얻은 성취는 나의 능력이 맞으므로 그것 또한 자기 자신에게 감사해야 될 일이고, 당연히 그 공은 자신이 받아도 됩니다.

무엇보다 감사는 문제를 해결하는 방법이 아님을 아는 것이 가장 중요합니다. 감사는 내가 현재 주어진 환경과 나 이외의 타인에 대해 긍정적인 감정을 갖는 것이므로, 문제 해결보다는 내 안의 회복 탄력성을 키우는 것입니다. 감사는 우리에게 긍정적인 에너지를 충전해주는 것이지, 우리가 갖고 있는 문제를 본질적으로 해결하는 것은 아니라는 것입니다.

아주 흔한 주제이지만 실천은 잘 안 되고 이해하기도 굉장히 어려운 게 바로 감사인데요. 제가 존경하는 작가 안톤 체호프^{Anton Chekhov}는 이런 문장을 썼습니다. "자기 십자가를 질 줄 알고 믿음을 갖는 거죠."*

저는 이 십자가가 종교적 의미가 아닌, 우리의 인생이 짐과 선물 이 두 가지를 동시에 수반한다는 개념으로 이해하고 있습니다. 내 인생의 짐뿐만 아니라 선물을 발견함으로 인해 에너지를 얻고, 그 에너지를 통해서 내 짐을 당당하게 짊어지고 책임감 있게 살아갈 수 있습니다. 즉 정말 중요한 것은 감사를 잘하는 것이 아니라 감사할 줄 아는 사람이 되는 것입니다.

---

* 안톤 파블로비치 체호프, 「갈매기」, 『체호프 희곡 전집 2』, 연극과인간, 2000, 183쪽.

감정 일기

사실 저는 이전까지 감정 일기를 따로 써본 적은 없었습니다. 일기를 쓰다 보면 자연스럽게 감정이 묻어나오기 마련이니까요. 그러다 최근에 제가 어떤 감정을 느끼면 그것을 어떤 말로 표현해야 할지 모른다는 충격적인 사실을 알게 되었습니다. 단순한 기쁨과 슬픔이 아닌 묘한 감정들이 생기는 경우가 많은데, 그런 것들에 대해서 단순한 느낌만 있지, 정확한 표현을 하지 못해서 답답해지기 시작했습니다.

그래서 이제부터는 감정 일기를 제대로 써보자고 결심하고 관련 자료를 찾아봤습니다. 하지만 감정 일기에 관련된 여러 가지 콘텐츠의 대부분이 자신의 주관적인 경험이나 단편적인 작성 방법에 대해서만 설명할 뿐이었습니다. 기존에 감정 일기를 써오신 분들의 생생한 후기를 듣는 것도 좋았지만, 제 안에는 이런 호기심들이 생기기 시작했습니다. '도대체 감정이라는 게 뭐지?' '감정 일기라는 건 또 뭘까?' '그건 왜 써야 하는 걸까?' '쓴다면 어떻게 써야 할까?'

감정 일기 쓰는 법을 알려드리기 전에 우선 간단한 질문 테스트를 해볼게요.

Q. 나는 수치심, 죄책감, 부끄러움을 구별할 수 있다.
Q. 나는 질투심과 시기심을 구별할 수 있다.
Q. 나는 기쁨과 만족감의 차이를 알고 있다.

만약 제가 드린 이 세 가지 질문에 답변하기 어렵다면 이제부터 저를 잘 따라오면서 함께 알아가시면 됩니다.

감정

뻔한 질문으로 시작해보겠습니다. 우리는 왜 감정을 알아야 할까요? 감정 일기를 도대체 왜 써야 할까요? 좋아서, 나다움을 찾기 위해, 마음의 안정을 위해서와 같은 답변은 막연하게 느껴집니다.

예일대학교 감성지능센터의 센터장이자 심리학자인 마크 브래킷Marc Brackett은 그의 저서 『감정의 발견』에서 감정이 우리 삶의 다섯 가지 영역에 많은 영향을 미친다고 설명합니다.* 다섯 가지 영역은 1. 내 주의력의 방향, 2. 의사결정, 3. 사회적 관계, 4. 건강, 5. 창의성과 효율성 그리고 성과입니다. 사실 이 영역들은 우리 삶의 전부라고 말할 수 있을 정도로 매우 중요합니다. 이 영역에 영향을 끼치는 게 바로 감정이라는 녀석입니다. 한마디로, 우리가 감정에 대해서 알아야

---

* 마크 브래킷, 임지연, 『감정의 발견』, 북라이프, 2020, 46쪽.

하는 이유는 우리 삶의 이 다섯 가지 영역에 대해서 조금 더 건강하고 나은 방향으로 살아가기 위해서입니다.

그럼 우리 삶에 큰 영향을 미치는 감정은 과연 도대체 뭘까요? 뇌과학과 인지심리학 연구를 30여 년간 해오고 900여 편의 학술 자료들을 일일이 분석한 리사 펠드먼 배럿 Lisa Feldman Barrett 교수가 쓴 『감정은 어떻게 만들어지는가?』라는 책에서 배럿 교수는 감정은 우리가 느끼는 것이 아니라 우리가 구성한다*고 말합니다. 그녀의 설명에 따르면 어떤 상황이 발생하고 → 그 상황에 대한 우리의 예측이 이뤄지고 → 그 예측은 느낌이라는 형태로 우리가 인지할 수 있는데 → 그 느낌에 대한 나의 해석 결론이 감정입니다.

느낌

감정을 갖기 전에 먼저 발생하는 것 즉, 감정의 재료가 되는 것은 앞서 말했던 '느낌'입니다. 느낌은 조금 더 과학적인 용어로 정동 affort이라고 표현하는데, 정동은 유인성과 흥분도라는 두 가지 속성을 가지고 있다고 합니다. 유인성은 유쾌함과 불쾌함의 정도를 의미하고, 흥분도는 신체 에너지의 높고 낮음의 정도를 의미합니다. 쉽게 설명해보자면, 감정의 재료가 되는 정동은 유인성과 흥분도 이 두 가지의 다양한 조합으로 나타나고, 조합으로 나타난 결과물에 대한 우

---

*   리사 펠드먼 배럿, 최호영 역, 『감정은 어떻게 만들어지는가?』, 생각연구소, 2017, 79쪽.

리의 해석, 즉 '이것이 좋은 감정이다', '나쁜 감정이다', '우울하다', '기쁘다', '슬프다' 등과 같은 평가를 내린다는 겁니다. 한마디로 감정이란 '내가 느낀 느낌에 대한 나의 해석 결론'입니다. 예를 들어 귀여운 강아지가 나를 향해서 달려올 때 나의 유쾌함 지수는 올라가고 나의 흥분도 또한 올라간다고 했을 때, 우리는 이런 상태를 기쁨이라는 이름으로 부릅니다. 반대로 애인이 문자로 갑자기 이별 통보를 보냈을 때 나의 불쾌 지수는 굉장히 높아지고, 나의 신체 흥분도 또한 높아진다면 우린 이 감정을 분노라는 이름으로 부릅니다.

즉 감정은 물리적으로 존재하는 객관적 실체가 아니라, 내가 겪는 상황에 대한 나의 주관적인 해석(사회적 실재*)입니다. 신체적인 느낌을 나의 언어로 표현하는 겁니다. 이 말인 즉슨 감정에 대한 언어적 개념이 없다면 제대로 된 이름을 붙일 수 없다는 겁니다. 배럿 교수는 언어적 개념이 풍부하고 섬세할수록 감정을 정확하게 파악할 수 있고, 제대로 된 조절을 할 수 있다고 설명합니다.

언어적 개념이 어렵게만 느껴질 수도 있습니다. 감정에 대한 언어적 개념은 쉽게 말해 단어입니다. 예를 들어, 여러분이 식당에 가서 주문을 한다고 했을 때 잘 익힌 쌀 위에 볶은 야채와 손질된 채소, 그 위에 계란프라이, 다진 고기들과 매운 양념을 올린 음식을 주세요, 라고 말하지는 않을 겁니다. 보통은 이모 여기 비빔밥 한 그릇 주세요,

---

* 리사 펠드먼 배럿, 앞의 책, 253쪽.

라고 합니다. 우리는 비빔밥이라는 개념을 갖고 있기 때문에 아주 쉽게 접근할 수 있습니다. 하지만 비빔밥을 모르는 외국인이 처음으로 비빔밥을 먹었고, 그 상황에 대한 자신의 해석 즉, 감정을 다른 친구에게 설명한다면, 비빔밥이라는 단어조차 모르기 때문에 한국식 샐러드라는 이름으로 설명할 수밖에 없을 겁니다.

조금 더 실질적인 사례를 들어보겠습니다. 이팔루크Ifaluk 족에게는 파고fago라는 개념이 있다고 합니다. 대략적으로 해석해보면 사랑, 공감, 연민, 슬픔, 동경심 같은 게 결합된 감정 형태입니다.* 하지만 우리는 파고라는 개념을 전혀 모르기 때문에 이런 비슷한 감정을 느끼더라도 설명할 수 없습니다. 비슷한 또 다른 사례로 우트카Utka 에스키모인들에게는 분노라는 개념이 없다고 합니다. 타히티인Tahitian은 슬픔이라는 개념을 갖고 있지 않고요.** 여기서 우리가 기억해야 하는 점은 우리가 겪은 건 비빔밥이지만 우린 그걸 전혀 다르게 해석해서 제육덮밥이라고 표현할 수도 있다는 겁니다.

앞서 소개한 마크 브래킷 박사는 감정을 제대로 이해하고 조절하기 위해선 감성 지능을 개발해야 한다고 주장합니다. 그리고 감성 지능을 높이기 위해 총 다섯 단계인 룰러RULER를 제안합니다. 1단계 감정 인식하기Recognizing, 2단계 감정 이해하기Understanding, 3단계 감

---

*   리사 펠드먼 배럿, 앞의 책, 278쪽.
** 리사 펠드먼 배럿, 위의 책, 279쪽.

정 이름 붙이기Labeling, 4단계 감정 표현하기Expressing, 5단계 감정 조절하기Regulating입니다.* 여기서 제가 발견한 것은 감정 일기가 1~3단계를 도와줄 수 있는 아주 유용한 도구라는 것입니다. 무엇보다 감정에 대한 언어적 개념이나 감정 어휘력을 높이는 데 큰 도움이 되는 것은 물론이고요.

감정 일기 써보기

그럼 감정 일기는 구체적으로 어떻게 써야 할까요? 앞서 말한 세 개의 단계를 실제로 어떻게 적용할 수 있을까요?

가장 먼저 '감정 인식'이 이루어져야 하며, 여기서 가장 중요한 첫 번째 질문이 등장합니다. '지금 나의 기분은 어떤가?' 이 질문을 자신에게 던져보세요. 그리고 막연한 말로 대답하는 것이 아니라, 앞서 얘기했던 정동의 개념 즉, 유인성과 흥분도를 사분면으로 그려놓고

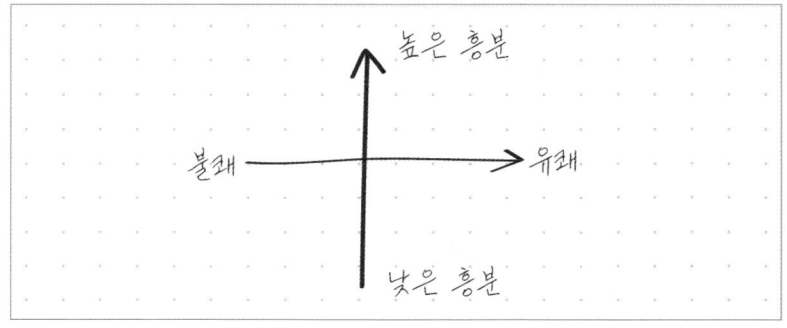

---

* 마크 브래킷, 앞의 책, 85~86쪽.

자기의 감정이 어느 정도에 위치해 있는지 파악해보세요. 이 과정이 어색하거나 어려운 분들은 무드미터mood meter*를 참고하면 좋습니다. 무드미터는 감정 연구자들이 개발한 감정 지표입니다.

    그다음은 '감정 이해'가 이루어져야 합니다. 이 과정에서 자신에게 던져야 하는 질문은 '나는 왜 그렇게 느꼈나?' 입니다. 앞선 과정에서 어떤 기분인지 스스로에게 물어봤고, 이 과정에서는 왜 그렇게 느꼈는지 스스로의 감정을 이해할 수 있도록 질문을 던지는 겁니다. 감정은 각자의 문화, 사회, 개인의 상황에 따라 해석의 차이가 크기 때문에 두 사람이 같은 상황에 처해도 전혀 다른 감정을 느낄 수 있습니다. 때문에 감정을 제대로 이해하기 위해서는 자신의 맥락을 파악해야 합니다. 내가 흥분도는 낮고 불쾌도는 굉장히 높은 상태라면, 왜 이런 상태인지 전후 맥락을 파악하여 생각해보는 겁니다. 오늘 아침에 일어난 일 때문에 그랬을 수도 있고, 얼마 안 남은 시험 때문에 스트레스나 압박감을 받아서 그럴 수도 있다는 걸 파악해야 합니다.

    여기서 잠깐! 여러분은 스트레스와 압박감의 차이를 아시나요? 스트레스는 자신의 능력이 부족한 것에 대한 답답함에서 비롯하는 감정이고, 압박감은 실패 여부에 대한 두려움에서 비롯하는 감정입니다. 이렇듯 스트레스와 압박감은 전혀 다른 감정이기 때문에, 감정

---

* https://www.marcbrackett.com/about/mood-meter-app/

의 맥락을 잘못 파악하면 실제로 느끼는 감정과 우리가 느낀다고 생각하는 감정이 일치하지 않는 상황이 생길 수 있습니다. 그렇기 때문에 감정 이해가 중요합니다.

마지막으로 '감정 이름 붙이기'가 이루어져야 합니다. 감정 일기에서 가장 중요한 부분입니다. 앞서 소개했던 무드미터를 참고해서 자신이 느끼는 감정에 이름을 붙여보시기 바랍니다. 아니면 감정을 해석하는 과정에서 느낀 것들을 토대로 감정에 이름을 붙여도 좋습니다.

감정에 이름을 붙이는 행위의 이점과 관련된 흥미로운 연구가 있습니다. 미국 UCLA 대학에서 진행한 거미 연구 실험입니다. 이 연구는 거미 공포증을 갖고 있는 피실험자들을 거미가 담겨 있는 상자가 있는 방에 들어가게 합니다. 이때 피실험자 그룹을 두 그룹으로 나누어 한 그룹은 자신이 느끼는 감정에 대해 표현하게 하고, 다른 한 그룹은 상황에 대한 객관적인 사실을 중립적인 언어로만 설명하게 했습니다. 그 결과 두 그룹 다 거미에 대한 공포증은 갖고 있었지만, 자신의 감정을 표현한 그룹이 조금 더 거미에 가까이 다가갔다는 실험 결과를 얻었습니다.

감정연구자들은 이런 결과가 가능한 이유로 감정 입자도를 들어 설명합니다. 감정 입자도가 높은 사람은 비슷하지만 전혀 다른 감정들을 잘 구별하여 높은 행동 조절 능력을 갖고 있으며, 스트레스를 잘 받지 않고, 타인에 대한 감정 해석도 월등히 높다고 합니다. 이러한 영향은 결국 원활한 사회 활동까지 가능하게 합니다.

독일의 심리학자 레온 빈트샤이트Leon Windscheid는 두려움 자체가 문제가 아니라 두려움을 두려워하는 것이 바로 문제라고 지적합니다.* 두려움을 경험하는 것, 그 자체가 문제가 아니라 정확히 무엇에 대해서 어떤 방식으로 두려워하고 있는지 잘 모르는 게 더 심각한 문제인 것입니다.

주의사항

마지막으로 감정 일기를 쓸 때 주의사항이 있습니다.

첫 번째는 아까 말했던 느낌 즉, 나의 유쾌함, 불쾌함 정도 혹은 흥분도가 높거나 흥분도가 낮은 것은 감정의 재료이지, 그것 자체가 감정은 아니라는 겁니다. 따라서 감정 일기를 쓸 때 '나는 유쾌해', '불쾌해', '흥분도가 높아'에서 분석을 멈추지 말고, 그러한 감정의 재료에 어떤 이름을 붙일지 생각해야 제대로 된 감정 파악이 이루어졌다고 할 수 있습니다.

두 번째, 개인의 성격적 특성 혹은 성향에 따라 자주 느끼는 감정이 다르다는 것을 알아야 합니다. 기질에 따라서 부정적인 감정을 잘 느끼는 사람이 있고, 긍정적인 감정을 잘 느끼는 사람이 있다는 겁니다. 같은 상황에 있어도 부정적인 사람들은 부정적으로만 해석하

---

* 레온 빈트샤이트, 이덕임 역, 『감정이라는 세계』, 웅진지식하우스, 2022, 33쪽. "우리가 극복해야 할 것은 바로 두려움에 대한 두려움이다."

고, 긍정적인 사람들은 긍정적으로만 해석한다고 합니다. 때문에 자신의 감정적 기질을 파악하는 것도 감정 일기를 쓰는 것에 큰 도움이 될 것입니다.

마지막으로 자신의 감정을 두고 가치 판단을 하면 안 된다는 것을 기억해야 합니다. '왜 나는 항상 부정적인 혹은 긍정적인 감정만 느끼지?'라는 식으로 어느 것이 좋다 나쁘다를 평가하지 마시고, 지금 내가 느끼는 감정이 무엇인지 생각해보는 것이 중요함을 잊지 마세요.

도파민 일기

남녀노소를 불문하고 현대인이 겪는 심각한 문제 중 하나는 바로 스마트폰 중독입니다. 더 안타까운 사실은 이런 심각성을 막기는 커녕 더 많은 트래픽을 끌어내기 위해 기업들이 노력하고 있다는 점입니다. 넷플릭스Netflix의 창업자 리드 헤이스팅스Reed Hastings는 넷플릭스의 새로운 경쟁 상대로 수면 시간을 뽑았습니다. 우리의 수면 시간을 조금이라도 뺏어오기 위해서 그들이 공략하는 지점은 바로 도파민입니다. 우리가 쾌감을 느낄 때 뇌에서 도파민이 분비된다는 것은 이젠 누구나 아는 상식인데요. 기업들은 우리의 도파민 분비를 어떻게 해서든 가속하기 위해 수많은 지식을 동원해서 자사의 플랫폼과 서비스를 이용하게 합니다. 그 결과 우리의 뇌는 더 빠르고 더 강한 자극에 익숙해지고, 상대적으로 느리고 약한 자극에는 덜 반응하는, 일명 팝콘브레인popcorn brain 상태에 빠집니다. 우리는 위기에 처했습니다. 가뜩이나 넷플릭스를 끊기 어려운데, 기업들은 더 자극적인 것들을 내놓고 있습니다.

도파민 리모델링

그럼 우리는 과연 어떻게 해야 할까요? 나의 도파민을 내가 직접 조절해야 합니다. 서울 아산병원 노년내과 전문의인 정희원 박사는 우리가 도파민의 중요한 특성 한 가지를 이용하면 더 행복한 삶을 살 수 있다고 말합니다.* 그 특성은 도파민의 총량은 변하지 않는다는 것입니다. 도파민은 상대적으로 분비됩니다. 이게 무슨 말이냐면, 평소 산책에서 도파민을 얻던 사람이 유튜브를 보기 시작하면 더 많은 도파민 분비가 일어납니다. 그리고 산책할 때 분비되는 도파민은 급격하게 줄어듭니다. 또 유튜브를 보던 사람이 술에 빠지면 유튜브에서 얻던 도파민 분비는 줄어들고, 술에서 얻는 도파민이 높아지게 됩니다. 가장 위험한 중독인 마약의 경우, 보통의 자극원에 비해 50~100배 가까운 도파민 분비가 일어난다고 합니다.

이런 도파민의 특성을 긍정적인 방식으로 사용하면 어떻게 될까요? 우리가 스마트폰의 자극을 줄이면 줄일수록 상대적으로 적었던, 즉 재미가 없었던 다른 활동이 더 재미있어집니다. 때문에 정희원 박사는 스마트폰을 할 때 분비되는 도파민을 줄여서 일상에서의 도파민을 더 크게 키우자는 일명 '도파민 리모델링'을 주장합니다.** 도파민 리모델링은 과연 어떻게 하는 걸까요? 이제 여러분의 일기장을 펼치실 때입니다.

---

* 정희원, 『당신도 느리게 나이 들 수 있습니다』, 더퀘스트, 2023, 34쪽.
** 정희원, 위의 책, 37쪽.

도파민 일기 써보기

도파민 일기 작성법은 매우 간단합니다. 다음 두 가지 사항을 적으면 됩니다.

1. A→B→C
2. 관찰 결과

A에는 핸드폰 중독 증세를 보이는 '상황'을 적어보는 겁니다. 예를 들면, '잠들기 전에 침대에 누웠는데(A) 핸드폰을 하고 싶은 충동을 느꼈다(B)', '변기에 앉았는데(A) 핸드폰을 하고 싶다(B)', '버스나 지하철을 기다릴 때(A) 핸드폰을 하고 싶다(B)'처럼 쓰시는 겁니다. 주의할 점은 자신을 볼 때 최대한 관찰자 시점에서 타자화해서 봐야 한다는 것입니다. 그리고 '게으르다', '이건 나쁜 짓이다'와 같은 가치판단은 하지 마세요. 그저 관찰한 대로만 쓰세요.

C에는 B(행동)에 대한 대안을 생각하고 적으세요. 예를 들어, 잠들기 전 침대에 누웠을 때 핸드폰을 하는 대신 책을 본다, 스트레칭을 한다, 음악을 듣는다, 명상을 한다, 멍을 때린다 등과 같습니다. 버스나 지하철을 기다릴 때도 바른 자세 연습을 한다, 호흡에 집중한다, 참

```
A(상황)              B(행동)                  C(대안)
잠들기 전 침대에 누웠을 때   유튜브 보고 싶다    →    명상을 한다.
```

신한 아이디어를 떠올려본다 등과 같은 대안을 적어볼 수 있습니다.

B 대신 할 만한 행동을 적었다면 이제 C를 일상에 적용하세요. 적용한 후에는 반드시 관찰 결과를 적어야 합니다. 대안을 실천해보고 난 뒤에 자신이 느낀 신체적 혹은 정신적 경험을 적는 겁니다. "핸드폰을 하고 싶어 미치는 줄 알았다."와 같이 객관적으로 관찰된 자신의 몸과 마음 상태를 적기만 하면 됩니다. 관찰 결과를 쓸 때에도 앞서 얘기했던 것처럼 가치 판단은 하지 마세요. 그저 실험 결과를 객관적으로 바라보고, 최대한 제3자의 눈으로 자신을 기록해 보길 바랍니다.

서두르지 말기

중독 치료는 원래 쉬운 게 아닙니다. 그리고 이미 눈치 채신 분들이 있겠지만, 도파민 리모델링은 핸드폰 중독뿐만 아니라 술이나 담배, 음식 등과 같은 다른 중독에도 다양하게 적용할 수 있습니다.

저는 압박감을 느끼면 불필요했던 것들, 주로 이어폰이나 음향기기를 사곤 했습니다. 그래서 쇼핑을 하고 싶어질 때면 핸드폰을 잠깐 내려놓고 산책하는 것으로 대체해 봤습니다. 그런데 갑자기 핸드폰을 내려놓으니까 불안감이 더 느껴지는 것 같아서 음악을 들으면서 산책하는 걸로 수정했습니다. 이 대안을 통해 쇼핑 중독을 완전히 고치지는 못했지만, 몇 번의 충동 결제는 막을 수 있었습니다.

방금 저의 개인적인 사례를 통해서 보셨듯, B를 C로 단번에 바꾸는 것은 불가능할 뿐더러 바람직하지도 않습니다. 최대한 부드럽게, 단계별로 차근차근 접근하는 방식이 좋습니다. 저는 아침에 눈을 뜨자마자 핸드폰을 하고 유튜브를 보는 습관이 있었습니다. 이걸 고치고 싶었고, 처음 시도했던 대안은 일어나자마자 책을 읽는 것이었습니다. 하지만 이 대안은 처참히 실패했습니다. 오히려 책을 보기 싫어서 다시 잠들어 버리는 부작용이 있었습니다. 저는 조율의 필요성을 느끼고 눈을 뜨자마자 제가 좋아하는 샐러드를 먹기 시작했습니다. 그리고 이 대안은 통했습니다. 물론 샐러드를 먹는 것 자체가 엄청 만족스럽지도 않고, 일주일에 3~4번 정도는 하고 나머지는 그러지 못할 때도 있습니다. 그래도 지금은 일어나자마자 유튜브를 시청하는 시간이 점점 줄어들고 있어서 나름의 뿌듯함을 느끼고 있습니다.

무엇이든 적는 기록의 힘

역시나 제일 중요한 건 일단 죽이 되든 밥이 되든 그냥 쓰는 거, 뭐라도 쓰는 거라고 생각해요.

김지희
인스타그램 @zeehees
유튜브 @zeehees

지욱

지희 님, 안녕하세요. 오늘 비가 정말 많이 오는데 이렇게 와주셔서 정말 감사합니다. 저는 지희 님을 잘 알지만 모르는 분들이 계실 수 있으니 간단한 자기소개 부탁드려요.

지희

네, 안녕하세요. 저는 대전에서 바디 프로필 스튜디오 엘로끄를 운영하고 있고, 읽고 쓰는 것을 좋아하는 김지희라고 합니다.

지욱

저는 지희 님이 운영하고 계신 채널 'TheJihee 더지희'를 통해 지희 님을 알게 되었는데, 다이어리를 무려 14년이나 쓰셨다고 알고 있습니다. 혹시 기록하신 것들을 보여주실 수 있으신가요?

지희

네, 맞아요. 2020년도에 작성한 이 다이어리는 제가 지금 갖고 있는 다이어리 중 가장 오래된 거예요. 이때는 트레이너를 했던 시절이기 때문에 매일의 출퇴근과 수업 목록을 적어뒀어요. 주로 스케줄 관련해서 기록했고, 나머지는 책을 읽으면서 필사했던 것들이에요.

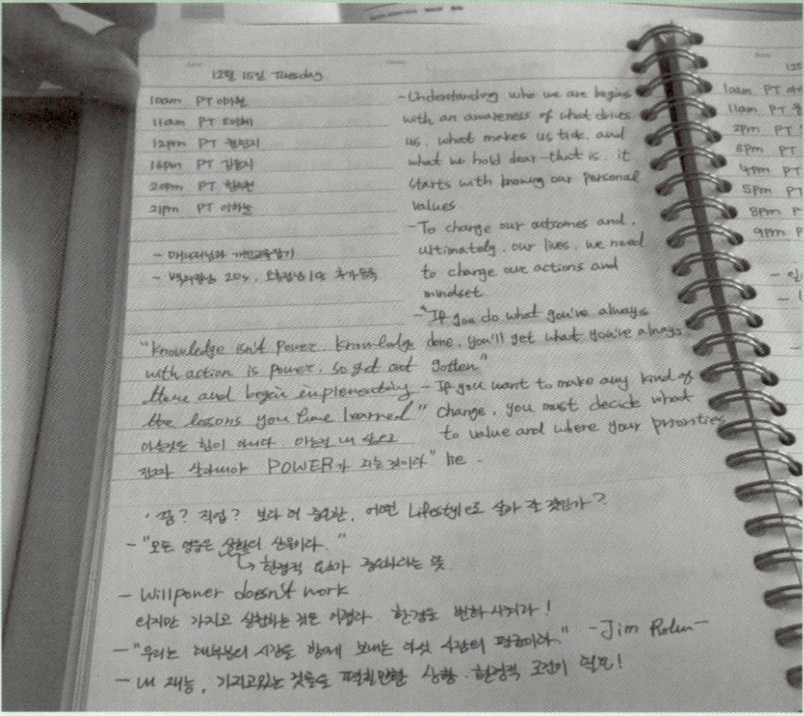

비교적 최근에 작성한 다이어리는 인덱스를 붙여서 페이지를 구분했어요. 인덱스에는 제가 읽은 책의 제목을 적었어요.

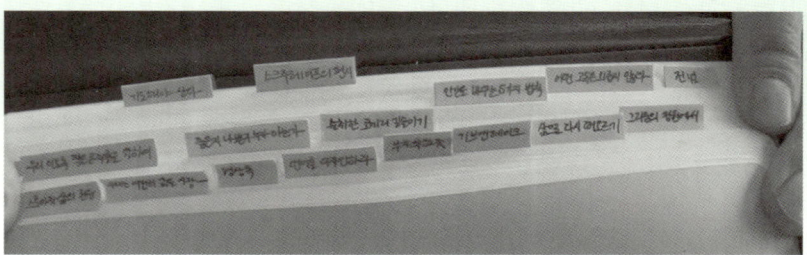

제가 지금 네 권째 같은 제품을 사용하고 있어요. 보통 다이어리는 월간, 주간, 일간 별로 나눠져 있는 것을 사용하잖아요. 근데 저는 그런 다이어리를 썼을 때 빈칸이 생기는 게 너무 싫은 거예요. 중간에 쓰다 만 것 같고, 약간 완벽주의 성향이 있어서 쓴다면 꽉 채워서 써야 할 것 같은 강박이 있었죠.

그래서 아예 빈칸을 만들지 않기 위해 어떤 구별도 없이 한쪽은 무지이고 다른 한쪽은 줄지인 이 제품을 사용하기 시작했어요. 월간, 일간 구분이 필요한 경우에는 포스트잇을 사용해서 구분하고요. 이 외의 공간은 책을 읽으면서 필사한 것들이나 생각한 것들로 자유롭게 채우고 있어요.

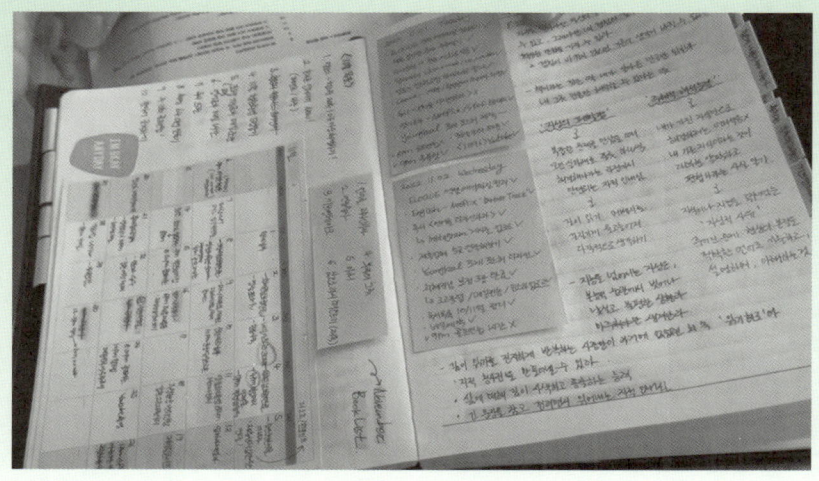

지욱

다이어리만 봐도 정말 성실하시네요. 어느 곳에도 빈 곳이 없으니까 노트 제조사에서 보여주는 예시같아요.

지희

근데 이제 조금 달라진 게 있어요. 이 다음 노트로 넘어오면서부터는 빈칸도 많아지고, 글씨체도 거칠어졌어요. 메모식으로 적은 것도 많고요.

지욱

그렇죠. 사람이 또 한결같이 숨막히게 살 수는 없으니까요.

지희

그렇죠.
제가 쓰기 시작한 지 얼마 안 된 저널링 노트도 보여드릴게요. 이 노트에는 한 가지 주제로 저만의 짧은 글을 쓰고 있어요. 책을 읽다가 공감이 많이 가는 내용을 만나면 저만의 언어로 표현하곤 해요. 한 페이지 안에 끝날 정도의 분량으로만 써요. 이렇게 쓰고 나면 제 안에 쌓여있었던 것들이 저만의 언어로 남는 느낌을 확실하게 느껴서 저한테는 굉장히 의미가 커요.

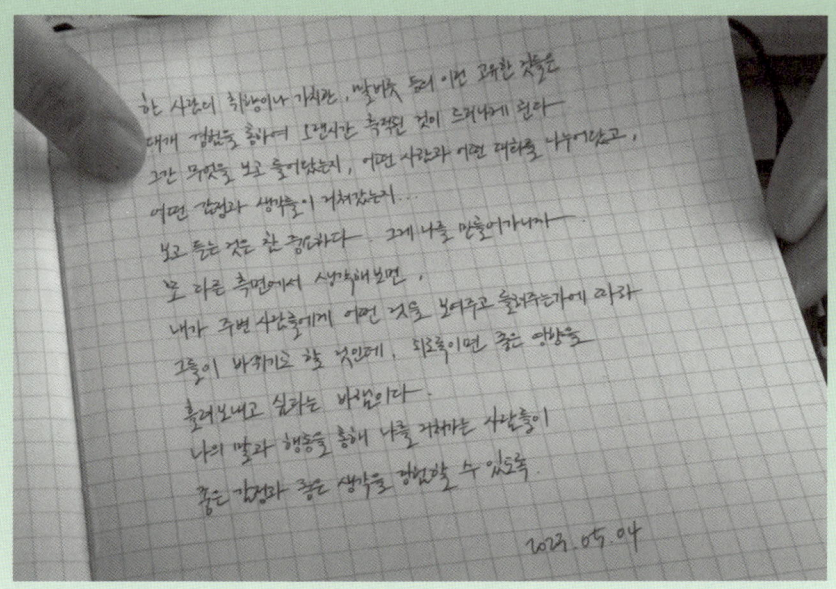

가장 최근에 쓴 것을 한번 소개해드릴게요.

"우리는 언제나 행복한 삶을 꿈꾼다. 꿈꾼다는 건 반대로 현재 가지고 있지 않다는 건데 왜 행복은 많은 사람들에게 늘 닿을 수 없는 이상향처럼 그려질까? 사실 마음의 평화와 진정한 행복은 바로 지금 오늘 여기에 늘 존재한다. 단지 우리의 한계적 시야로 알아차리지 못할 뿐이다. 행복에는 조건을 붙일수록 멀어지는 것이 사실이다. 만약 이렇게 하면 행복할 텐데, 만약 이것이 내게 있다면 행복할 텐데 하는 그 생각이 나를 행복으로부터 멀어지게 만든다. 중요한 것은 어떤 조건이 충족되느냐가 아니라 어떠한 조건에도 자족할 수 있는 마음의 실력이다. 지금 그대로의 모습에서 먼저 행복과 감사를 선택하자."

지욱

다음 주제로 넘어가서, 제일 중요한 건 기록을 많이 하는 게 아니라, 기록을 통해서 내 삶에 정말 변화가 일어났는가하는 거잖아요. 왜 트레이너에서 갑자기 사진 작가로 전향을 했는지, 갑자기 일어난 일이 맞는지 궁금했어요.

지희

아주 갑자기였어요. 사람들이 정말 궁금해하더라고요. 저는 오히려 그게 더 신기했어요. 나는 그냥 별 생각 없이 한 일인데 모두들 신기해하니까요. 어쨌든 이것도 기록의 영향이 정말 크죠. 항상 뭔가를 쓰다 보면 자기 자신에 대해 파악하게 되잖아요. 그리고 저는 어릴 때부터 자기 탐구를 즐겼던 사람으로서 저에 대해서도 잘 안다고 생각했어요. 그래서 트레이너로 일할 때에도 저의 스타일과 성격을 잘 아니까 저와 맞는 회원님들을 찾을 수 있었어요. 저는 단기간에 살을 뺄 목표를 갖고 계신 분들과 수업하는 게 제일 재미있었어요. 변화가 크니까 성취감도 크게 느껴졌죠.

그래서 당시에 바디 프로필body profile 반을 운영했어요. 근데 회원님들과 바디 프로필 촬영장에 가서 보면 작가님들의 사진이 썩 마음에 들진 않았어요. 그래서 제가 옆에서 핸드폰으로 회원님들을 스냅 사진처럼 찍어드렸어요. 근데 모든 회원님들이 항상 촬영이 끝나고 나면 사진작가가 찍은 사진보다 제가 찍은 사진이 더 마음에 든다고 하시더라고요. 한 회원님은 저한테 진지하게 바디 프로필 스튜디오를 운영할 생각이 없냐고 물어보셨어요. 그때는 지나가는 말로 생각했지만, 저녁에 집에 가서 혼자서 생각하는데 아무리 생각해도 제가 잘 할 수 있을 것 같은 거예요. 물론 조명이나 카메라는 모르지만, 촬영 현장을 봤을 때 할 수 있을 것 같다는 생각이 들었어요. 그래서 말도 안 되지만 과장 하나도 없이 이틀 만에 결정을 내렸어요.

스튜디오를 준비하는 과정에서도 기록이 도움이 많이 됐어요. 스튜디오를 만들고 여는 데 필요한 모든 것들을 기록을 통해 준비했어요. 그리고 회원님이 저한테 진지하게 건넨 말을 들은 지 사흘째 됐을 때 부동산을 알아보러 다니기 시작했어요.

지욱

사흘 차에 부동산부터 알아보기 시작했다. 사실 어떻게 보면 머릿속에 그림은 다 있으니까 가능한 일이긴 하네요.

지희

그렇죠. 상상을 끝냈으니까요. 어떻게 보면 겁 없이 하는 거잖아요. 사업이 되게 오랜 시간 계획을 해도 될까 말까 한 경우들도 많으니까요. 근데 그때 저한테 되게 용기를 줬던 한 문장이 있었어요. "모든 처음은 최악이다."라는 문장이었죠. 그래서 '나는 최선을 다해 열심히 할 거지만 이게 인생 최고의 결과물이어야 할 필요는 없다. 내가 아무리 최선을 다해도 처음 찍은 사진은 최악이 될 것이다. 왜냐하면 시간이 지날수록 좋아질 거니까.'라고 생각하며, 그 문장 하나 믿고 그냥 시작했던 것 같아요.

지욱

대단하십니다. 이게 왜 대단하냐면, 사실 제가 계속 기록에 대해서 강조하는 이유는 두 가지예요. 인간만이 갖고 있는 능력인 자기 자신에 대한 개념을 변화시킬 수 있는 능력과 마찬가지로 인간만 갖고 있는 능력인 시간에 대한 상상력 즉, 미래를 예측할 수 있는 능력을 기록을 통해 극대화 시킬 수 있기 때문인데요. 지희 님께서는 기록을 통해 미래를 예측하고 가시화하고, 현실적으로 필요한 것들을 계속 점검한 거잖아요.

기록을 그동안 쭉 해오면서 나만의 노하우나 나만의 팁 같은 게 혹시 있을까요?

지희

역시나 제일 중요한 건 일단 죽이 되든 밥이 되든 그냥 쓰는 거, 뭐라도 쓰는 거라고 생각해요. 기록하시는 분들은 아마 다 공감하실 것 같아요. 어떻게 써야 될지, 뭘 써야 될지 보다는 그냥 일단 좀 써보자고 생각하죠. 정말 어려우면 말 그대로, 제가 그랬던 것처럼 필사라도 써보자라고요.

그리고 저는 다이어리를 거의 하루 종일 펴놓고 살아요. 책을 읽으면서도 쓰고, 일을 하다가도 쓰면서 업무를 정리하고, 인스타그램을 하다가도 좋은 문장이나 단어를 만나면 바로 쓰기도 하면서요.

3장 일기를 '꿋꿋하게' 쓰는 7가지 방법

줏대 있게 써보기

정리 일기

독립생활 13년 차인 제가 혼자 살면서 가장 어려웠던 것은 바로 정리입니다. 매일매일 흐트러짐 없이 단정하게 산다는 것은 정말 쉽지 않은 일입니다. 그럼에도 불구하고 최대한 단정하면서도 청소는 덜 할 수 있는 궁극의 원리 세 가지를 몇 년 전에 깨달았습니다. 그리고 이 원리는 정리에 대한 문제뿐 아니라 우리 삶에도 다양하게 적용할 수 있다는 걸 깨달았습니다.

방 정리

이제는 너무 유명해진 심리학 박사 조던 피터슨 Jordan Peterson 교수는 그의 책 『12가지 인생의 법칙』에서 이 세상을 크게 질서와 혼돈이 공존하는 세상으로 구분하고 있습니다. 동양에선 이걸 '음'과 '양'이라고 부릅니다. 피터슨 교수는 내 삶의 혼돈의 영역을 질서의 영역으로 바꾸는 가장 쉬우면서도 가장 강력한 출발점이 방 정리라고 주장합니다. 생각해보면 자기 방 하나 제대로 정리하지 못하는 사람이 어떻게 자기 자신과 자신의 가족들을 돌볼 수 있을까요?

혹시 정리를 그저 깔끔하고 예쁘게 만드는 거라고 생각하시나요? 여기서 말하는 정리는 자신만의 규칙을 갖고 자신만의 방식으로 하는 정리를 뜻합니다. 만약 어떻게 규칙을 세우고, 어떻게 정리해야 하는지 모르겠다면 지금부터 알려드릴 아주 간단한 정리 일기를 통해 여러분의 삶과 공간을 정리해 보길 바랍니다.

정리 일기 써보기

여러분의 삶이든 프로젝트든 방이든 원리는 똑같습니다. 노트 한가운데 줄 2개를 그어보세요. 그리고 가장 왼쪽의 첫 번째 칸에는 여러분을 혼돈에 빠뜨리는 것들의 리스트를 적어보는 겁니다.

아주 쉽고 짧은 단어 형태로 쓰시길 추천합니다. 길게 쓰면 사연이 되기 때문입니다. 사연은 부피가 커서 처리할 수 없습니다. 그러니 처리할 수 있는 가장 작은 단위의 형태로 나열해보세요. 예를 들어 야식, 불필요한 소비, 옷, 화장품, 노트, 문구류 전자제품 등의 항목이 있을 겁니다. 혹은 자신의 공간에서 가장 무질서한 곳의 이름을 적어보는 겁니다. 서랍장, 신발장, 냉장고와 같은 것들처럼요. 혹은 구독할 필요가 없는데 불필요하게 구독하고 있는 서비스들에 대해서도 적어보면 좋습니다. 주의사항은 최대한 구체적으로, 가장 작은 단위로 쓰는 것입니다. 예를 들면 서랍장 두 번째 칸, 냉장고 첫 번째 칸처럼 처리할 수 있는 가장 작은 단위부터 시작하는 겁니다.

```
수면 시간
인스타그램
지출 정리
카메라 렌즈
필기도구
```

그다음 두 번째 칸에는 이 단어들을 어떻게 처리할지 적는 겁니다. 방법은 아주 단순합니다. 두 가지 중 하나만 결정하시면 됩니다. 삭제 혹은 정리입니다. 삭제할 항목은 ×표 혹은 찍찍 긋기를 하시면 되고, 정리할 항목은 정리를 실행할 날짜와 시간을 적어서 스케줄을 정하는 겁니다. 조언을 드리자면 30분이 넘어갈 정도로 정리가 힘들다면 날짜를 나누면 됩니다. 몰아서 하면 다른 정리를 하기 싫어질 수도 있기 때문입니다.

```
수면 시간      ×
인스타그램     ×
지출 정리      12월 5일 2시
카메라 렌즈    당근마켓
필기도구       ×
```

마지막 세 번째 칸에는 정리가 끝난 뒤에 여백을 바라보며 음미해 보는 겁니다. 여백을 바라보며 떠오르는 생각을 세 번째 칸에 적어 보세요. '후련하다'같은 소회나 하트 같은 간단한 이모티콘 등 무엇이든 상관없습니다. 그저 여러분의 기분을 표현할 수 있으면 됩니다.

```
수면 시간           ×           뿌듯하다
인스타그램          ×           해방!
지출 정리      12월 5일 2시     속이 후련하다
카메라 렌즈       당근마켓       잘 팔았다!
필기도구           ×        아깝지만, 정리해서 좋다
```

도무지 삶이 정리가 안 되던 시절, 저도 이 방법으로 제 공간을 차근차근 정리해 나갔습니다. 물론 아직도 완벽하게 정리된 상태는 아닙니다. 여전히 제가 살고 있는 공간이 마음에 들지 않을 때가 있습니다. 그래도 저는 제 자신과 평생을 살아야 하고, 이 공간과도 당분간은 함께 지내야 하기 때문에 최적의 상태를 유지하기 위해 노력하고 있습니다. 정리 일기가 여러분들의 삶과 공간을 정리하는 데 도움이 되길 바랍니다.

다만 주의할 사항이 있습니다. 말씀드렸듯이 한 번에 모든 것을

다 정리하려 하지마세요. 우리의 삶이나 공간은 치워도 다시 복잡해집니다. 몰아서 정리하려는 마음으로 정리 일기를 쓰기 시작하면 오히려 부담만 더 생기고 노트를 펼치는 것 자체가 싫어질 수 있습니다. 그럼 결국 꾸준히 기록하는 것은 포기하게 되겠죠. 그러니 정리 일기는 자신의 생활 패턴에 맞춰 한달에 한 번이나 분기별, 1년 단위로 작성하시는 걸 권합니다.

그리고 정리 품목에 물건만 적어야 하는 건 아닙니다. 내가 들었던 부정적인 말, 쓸데없이 하는 말이나 행동, 가지고 다닐 필요 없는 걱정거리, 나쁜 습관, 그러면 안되는 줄 알면서 하는 잘못된 행동들까지 적어보세요. 눈에 보이는 공간만이 아니라 우리 마음속에 있는 공간도 정리가 필요하니까요. 물론 적는다고 바로 정리되지는 않을 겁니다. 하지만 이렇게 꺼내 보는 것만으로도 마음이 한결 가벼워지고 머리가 맑아지는 기분을 경험하실 수 있을 거예요.

의사결정 일기

영화관에서 이런 풍경을 본 적 있나요? 영화가 난해하고 열린 결말로 끝난 경우, 영화가 끝난 뒤 관객들이 일제히 폰을 꺼내서 방금 본 영화의 결말을 검색하는 풍경 말입니다. 물론 영화 감상은 문화 생활이니까 타인의 시선과 의견에 기대는 것이 큰 문제는 아닙니다.

하지만 인생의 중요한 순간들은 다릅니다. 예를 들어 진로, 직업, 결혼, 이직, 은퇴 등을 결정해야 할 순간에도 우리는 자신이 아닌 남의 의견을 더 신뢰하고, 나에 대해 전혀 모르는 인플루언서나 자기계발서로부터 도움을 얻으려고 합니다. 자기계발서의 단점 중 하나는 누구에게나 적용될 수 있는 보편타당성을 갖고 있기 때문에 현재 나의 상황에 적용하기에는 너무나 대략적이고 상세하지 못하다는 겁니다.

모든 걸 제쳐두고 단도직입적으로 여쭤보겠습니다. 여러분은 여러분만의 의사결정 방법이 있으신가요?

의사결정의 질

애니 듀크Annie Duke 박사는 펜실베니아 대학에서 인지과학을 공부한 학자입니다. 생활고를 해결해보려고 우연히 포커 게임을 시작한 것을 계기로 월드 시리즈 오브 포커WSOP와 NBC 내셔널 헤즈-업 포커 챔피언십에서 우승한 20여 년 경력의 포커 플레이어이기도 합니다. 현재는 기업 컨설턴트로 일하고 있지만 우리가 주목해야할 부분은 듀크 박사가 유능한 포커 선수라는 점입니다. 포커는 한 판에 2분 밖에 걸리지 않지만, 2분 안에 약 스무 번의 의사결정을 내려야 하는 엄청난 의사결정 스포츠이기 때문입니다.

듀크 박사는 의사결정에 관한 수많은 경험을 바탕으로 우리의 의사결정을 방해하는 가장 큰 요소가 '결과'와 '관점'이라고 말합니다.*

간단한 사고실험을 한번 해볼게요. 저는 한 집안의 가장입니다. 제가 시도했던 첫 사업의 실패로 우리 가족은 고초를 겪고 있습니다. 현재는 월 300만 원 정도의 순수익을 내고 있는 상황이지만, 첫 사업의 실패로 진 빚 때문에 앞날이 깜깜합니다. 그러던 어느 날 저는 로또에 눈을 돌리기 시작합니다. 그리고 매주 30만 원 어치의 로또를 구매합니다. 이 의사결정은 좋은 결정일까요? 그렇게 몇 년이 흘렀고 어느 날 저는 로또에 당첨이 됐습니다. 약 30억 원의 당첨금을 수령

---

* 애니 듀크, 신유희 역, 『인생을 운에 맡기지 마라』, 청림출판, 2022, 33쪽.

했고 빚 10억을 갚고 20억으로 작은 주택을 구매했습니다. 저의 의사결정은 좋은 결정이었을까요?

　우리는 어떤 선택의 옳고 그름을 판단할 때 보통 결과를 근거 삼아 판단합니다. '퇴사하고 사업을 시작했는데 성공했으니 잘한 선택이다.', 혹은 '국가고시에 도전했는데 불합격했으니 잘못한 선택이다.'와 같이 말입니다.

　하지만 듀크 박사는 결과와 의사결정의 질은 관련이 거의 없다고 주장합니다. 왜냐하면 결과와 의사결정 사이에는 운이 작용하기 때문입니다. 만약 결과만을 가지고 여러분의 의사결정의 질을 판단하게 된다면 여러분은 운이 작용한 영역에 대해서는 간과하는 셈입니다.

　운은 우리가 통제할 수 없는 영역입니다. 그리고 운은 우리가 어떤 선택을 하든 항상 개입합니다. 결과에 영향을 미치기 때문에 결과 자체는 의사결정의 좋고 나쁨을 판단하기에는 매우 불확실한 척도라는 것입니다. 하지만 그 결과가 가진 영향력이 너무나 큰 탓에 우리는 우리의 의사결정의 질의 판단을 결과에 맡겨버리는, 즉 결과의 그림자가 너무 커서 우리의 의사결정의 질이 가려지는 그늘 효과*가 발생하게 됩니다.

　그래서 듀크 박사는 올바른 의사결정의 첫 출발은 의사결정과 결과의 관계를 정확히 이해하는 것이라고 말합니다.** 의사결정의

---

*　애니 듀크, 앞의 책, 62쪽.
**　애니 듀크, 위의 책, 34쪽.

질이 좋았지만 결과가 안 좋을 경우, 운이 나빴다고 할 수 있습니다. 의사결정의 질도 나쁘고 결과도 나빴다면 그건 당연한 일입니다. 가장 위험한 것은 의사결정의 질은 안 좋았지만 결과가 너무 좋은, 즉 재수가 좋은 상황입니다. 아까 로또 사례에서 월급의 10%를 로또에 매주 써버리는 무모한 의사결정을 했지만, 결과가 좋기 때문에 내가 의사결정을 잘했다는 착각을 불러일으킨다는 겁니다.

심리학에서는 이런 걸 그 유명한 사후 확신 편향에 빠졌다고 표현합니다. 운이 정말 좋아서 좋은 결과를 가져왔다 하더라도 의사결정의 질 자체가 안 좋았다면, 그렇게 얻은 행운을 잘못된 의사결정을 통해 한 번에 날려버릴 수도 있다는 겁니다. 이 관점을 뒤집어서 생각해봅시다. 그러면 여러분이 원하지 않는 결과가 나왔다고 해서 여러분이 선택한 의사결정 자체가 나빴다고 판단할 수는 없게 됩니다.

그럼 어떻게 해야 의사결정의 질을 높일 수 있을까요? 듀크의 이론을 한마디로 정리해 보겠습니다. 의사결정의 질이 높다는 것은 미래를 예측하는 능력의 질이 높다는 의미입니다. 이것은 마치 영화 「어벤져스」Avengers 시리즈에서 닥터 스트레인지가 타임 스톤을 통해 수십만 개의 미래를 보고 행동을 선택하는 것과 같습니다. 여러분도 선택으로 인해 일어날 법한 미래의 시나리오를 만들어보고, 본인의 선호와 최종 목표에 가까워지는 시나리오를 고르세요. 쉽게 말해 정교한 예측, 즉 예측의 질을 올리는 것이 의사결정의 질을 올리는 방법입니다.

안건과 미래 예측 시나리오

우선 종이에 화살표를 가로로 하나 쭉 그어보세요. 첫 출발은 '안건'입니다. 어떤 이름으로 써도 상관없습니다. 의사결정의 주제를 적어보는 겁니다. 예를 들어 제가 A회사에서 B회사로 이직을 하냐 마냐를 고민하고 있다고 가정해봅시다. 그러면 안건은 이직이 됩니다.

그다음은 결과입니다. 실제로 일어난 결과가 아니라 앞서 말했던 예측 시나리오를 말합니다. B회사로 이직할 경우에 생길 수 있는 최악의 시나리오부터 최상의 시나리오까지 생각하는 겁니다. 보통은 긍정적인 것들만 먼저 생각하는 경향이 있기 때문에 부정적인 걸 꼭 먼저 생각해 보시길 바랍니다.

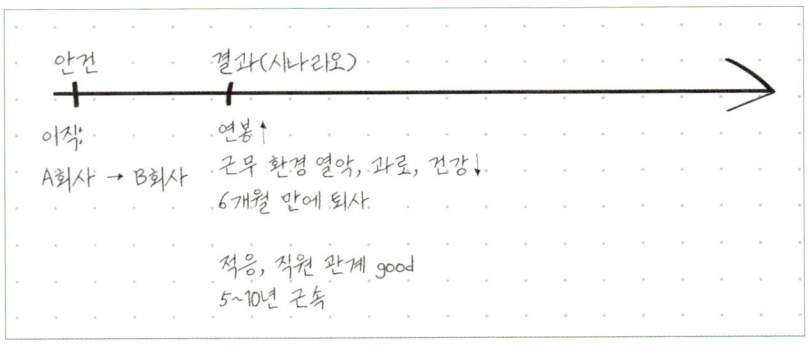

B회사로 이직할 경우 일어날 수 있는 최악의 상황에는 뭐가 있을까요? 연봉은 마음에 들지만 근무 환경이 너무 열악하고 과로로 인해 건강 악화까지 이어져서 6개월 만에 퇴사를 할 수도 있습니다. 혹

은 내가 쌓아온 커리어와 다른 직무라 적응에 실패하고 결국 6개월 이나 1년 안에 퇴사를 할 수도 있습니다.

긍정적인 경우도 한번 생각해볼까요? 적응도 잘했고 직원들과 관계도 좋았고 내가 생각한 것보다 5~10년 가까이 근속할 수도 있습니다. 이런 식으로 내가 할 선택으로 인해 일어날 수 있는 미래 시나리오를 최대한 다양하게 적어보는 겁니다. 단, 일어날 수 있는 모든 시나리오를 다 적는 게 중요한 건 아닙니다. 일어날 법한 최악의 상황부터 최선의 상황까지 내가 생각했을 때 '확률적으로 가능한 것들만' 나열해 보는 게 중요합니다.

사전 지식

다음은 '사전 지식'입니다. 방금 제가 예측한 결과들은 결국 제가 직접 경험했거나 주변의 조언을 통하여 축적한 지식에 근거한 예측 시나리오입니다. 문제에 대한 지식이 많을수록 더 다양하고 정밀한 예측을 할 수 있습니다. 그래서 내가 알고 있는 게 무엇인지, 내가 모르고 있는 게 무엇인지를 물어보는 게 중요합니다. 예를 들면 B회사의 내부 사정 또는 이직 전문가들은 어떻게 얘기하는지, B회사에 속한 직종에서 통상적으로 어떤 상황이 벌어지고 있는지 등의 통계 같은 자료가 필요합니다. 모르는 데이터들은 한번 살펴본 후 시나리오를 수정할 수 있습니다.

```
· 안건            · 결과(시나리오)       · 사전 지식
├─────────────┼──────────────────┼──────────────────────→

  이직:            연봉↑                B회사 내부 사정
  A회사 → B회사    근무 환경 열악, 과로, 건강↓   이직 전문가
                  6개월 만에 퇴사.      B회사 직종 환경

                  적응, 직원 관계 good
                  5~10년 근속
```

확률

안건과 시나리오 그리고 사전 지식을 점검한 후에는 작성한 시나리오가 발생할 확률을 계산해야 합니다. 여기서 말하는 확률은 정확한 계산의 결과값을 의미하는 게 아니기 때문에 숫자와 친하지 않은 분들도 어렵지 않게 해내실 수 있습니다.

확률을 적는 건 간단합니다. 정확하게 계산해서 숫자로 표기할 필요 없이 문자로 설명하는 것으로도 충분합니다. '과로로 6개월 만에 퇴사할 확률이 거의 적다' 혹은 '그럴 수 있다' 처럼 적어보는 겁니다. 이렇게 문자로 적으면 간편하게 작성할 수 있다는 장점도 있지만, 주관성이 강하다는 단점도 있습니다.

만일 확률의 객관성을 높이고 싶다면 숫자로 계산해서 표기하면 됩니다. 퍼센트(%)라고 하면 어려워 보이지만, 단순하게 이 시나리오가 백 번 중 몇 번 일어날 것 같은지 생각하면 쉽습니다. 예를 들어

연봉은 높지만 근로 환경이 너무 열악해서 건강이 상하는 일이 백 번 중 몇 번이나 있을지 생각했을 때, 절반은 그럴 것 같다면 '50%'라고 적는 겁니다. 또는 회사에 적응을 너무 잘해서 동료 직원과의 관계도 괜찮고 굉장히 오래 근속할 경우가 백 번 중 몇 번이나 있을지 생각했을 때, 열 번 미만일 것 같으면 '9%'로 적는 겁니다. 정확한 확률 계산은 아니지만, 문자 설명에 비해 좀 더 객관적인 예상이라는 장점이 있습니다.

```
사전 지식            확률
B회사 내부 사정    거의 적다    9%
이직 전문가         그럴 수 있다  41%
B회사 직종 환경    가능하다     90%
```

결정 속도

이제는 '결정 속도'를 점검해봅시다. 이직은 인생에서 꽤나 중요한 일이기 때문에 이직 결정을 1분 안에 내릴 수는 없을 겁니다. 그렇다면 내가 이 일에 어느 정도의 기간을 들여 고민할 건지 스스로 정해볼 필요가 있습니다. 고민의 기간은 하루가 될 수도 있고 한 주가 될 수도 있습니다. 이건 사람에 따라 다르고, 의사결정의 종류나 영향력에 따라서도 달라집니다.

중요한 것은 결정 속도를 정하는 기준입니다. 해당 사안의 중요성에 대해서 스스로 가치를 매겨보는 겁니다. 예를 들어 구매할 옷을 고르는 데 한 달씩이나 고민하는 건 결코 이상적인 행동이 아닙니다. 반대로 이직 같은 인생의 중요한 선택을 1분 안에 결정하는 건 무모한 행동입니다.

우리는 생각보다 시간을 들이지 않아도 될 사안에 대해서 굉장히 오랫동안 고민하고, 오래 고민해야 될 사안은 오히려 짧게 고민하는 경향이 있습니다. 이런 실수를 방지하기 위해 스스로 결정 속도를 정해보는 것이 좋습니다.

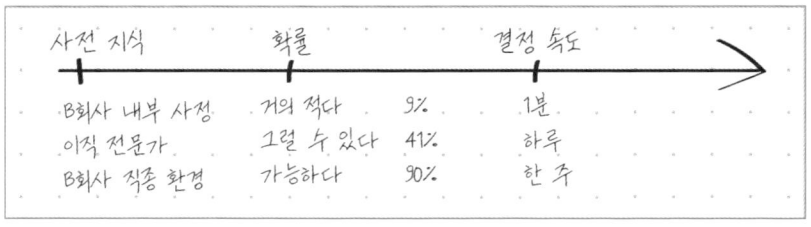

이렇게 의사결정 시나리오를 작성했습니다. 그럼 이 시나리오 중에 어떤 걸 골라야 할까요? 앞서 말했던 의사결정을 방해하는 두 가지 요인 중에 두 번째로 설명드렸던 '내 관점을 점검할 때'입니다. 심리학에서는 우리의 올바른 판단 능력을 방해하는 심리적 요소를 편향이라고 부릅니다. 편향의 종류는 굉장히 많은데, 그러면 수십수백 가지의 편향을 전부 다 공부해서 의사결정을 내려야 할까요? 물론 아닙니다.

타임머신

수십수백 가지의 편향들을 아주 쉽게 극복할 수 있는 마법의 도구를 소개하겠습니다. 바로 타임머신입니다. 영화 「백 투 더 퓨처」 Back To The Future에 나오는 타임머신, 닥터 스트레인지가 목에 걸고 있는 타임 스톤 같은 겁니다. 우리도 마법의 타임머신 장치를 갖고 있습니다. 어디에 갖고 있을까요? 바로 두뇌입니다. 우리의 두뇌가 굉장히 잘하는 일은 미래를 예측하는 일입니다. 이건 인간이 가진 생물학적 기능 중에서도 가장 강력한 기능입니다.

뇌과학, 자연과학 분야의 전문가인 박문호 박사의 표현을 빌리자면, 우리의 뇌는 미래에 중독되었다고 할 정도로 미래 예측 전문 박사에 가깝습니다.* 따라서 우리의 미래 예측 능력을 활용하면 인지 편향을 극복하면서도 의사결정의 질을 끌어올릴 수 있습니다.

그럼 이 훌륭한 타임머신을 어떻게 사용하면 될까요? 이 화살표를 이어서 이렇게 다 진행한다고 했을 때 우리가 사용할 수 있는 건 크게 두 가지 기술입니다. 첫 번째는 '반복' 기술이고, 두 번째는 '시간여행' 기술입니다.

반복은 특정 시나리오를 선택하고 반복할 경우 어떤 일이 생기는지 생각해보는 겁니다. 예를 들어, 오늘만 운동을 안 가고 책을 보는 선택을 했다고 가정해봅시다. 만일 운동 대신 독서를 하는 선택을

---

* 월말 김어준 [audio magazine], "[월말 김어준] 〈뇌과학〉 미래에 중독된 종, 인간", YouTube, 2022년 9월 3일, 박문호 박사의 발언 중.

백 번 반복한다면 어떻게 될지 생각해보는 겁니다. 이렇듯 반복의 개념을 시나리오에 대입하면 '이것이 누적되면 굉장히 좋겠다' 혹은 '이것이 누적되면 굉장히 안 좋겠다'라고 예측할 수 있습니다.

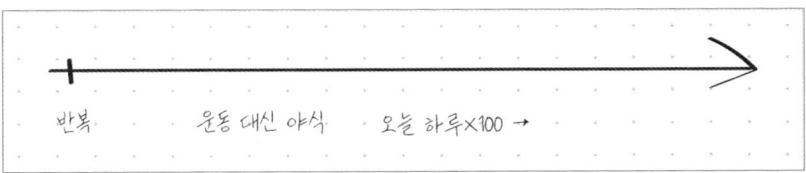

시간 여행 기술도 굉장히 흥미롭습니다. 내가 특정 선택을 함으로 인해 일주일, 한 달, 1년, 10년 뒤에도 행복할지 생각해보는 겁니다. 저는 시간 여행 기술을 굉장히 유용하게 사용하고 있습니다. 이 기술을 사용하면 불필요한 고민과 선택을 하지 않을 수 있습니다. 예를 들어 메뉴 고민 같은 것들입니다. 메뉴를 고를 당시에는 이 고민과 선택이 굉장히 중요해 보입니다. 하지만 내가 오늘 고른 메뉴가 일주일 뒤의 행복에도 영향을 얼마나 미칠까 생각해보면 불필요한 고민의 시간을 단축시킬 수 있습니다. 이런 것처럼 일상에서 자주 마주하지만 사소한 선택의 순간들마다 꼭 시간 여행 기술을 사용해보세요.

이런 복잡한 과정이 싫은 분도 계실 겁니다. '좋은 건 알겠는데 막상 해보려니까 귀찮고 어렵다'라고 생각하시는 분들은 의사결정 전에 아홉 가지의 심리 편향*을 참고해보세요. 자신이 이 아홉 가지의 심리 편향 중에 빠져 있는 건 아닌지 확인해 보면 중요한 의사결정에 큰 도움이 될 겁니다.

성인은 자신만의 의사결정을 할 수 있는 특권이자 의무를 지닌 존재입니다. 세상에는 많은 의사결정 지침이 존재하지만 그럼에도 그것들에 완전히 기댈 수 없는 이유는 각자의 삶에는 특수성이 있기 때문입니다. 만일 희대의 현자인 소크라테스가 부활해서 일대일 상담을 해준다 해도 우리가 살아온 역사와 우리가 느끼는 복잡한 심경을 이해할 수 없기에 정확한 답을 내려줄 수 없습니다. 그러니 우리의 의사결정 능력을 함께 키웁시다. 내 선택이 맞을까? 내가 하는 것이 정말 옳은 걸까?라는 의심이 든다면, 나는 70만 년의 진화를 통해 선조들로부터 최강의 유전자를 물려받은 충분히 강하고 지적인 존재임을 기억합시다.

---

* 아홉 가지의 심리 편향은 다음과 같다. 확증 편향, 불확증 편향, 과잉 확신, 가용성 편향, 최신 편향, 통제의 환상, 손실 회피 편향, 현상 유지 편향, 평균 이상 효과. 대니얼 카너먼의 『생각에 관한 생각』을 참고.

관계 일기

인간이 가장 두려워하는 것은 뭘까요? 귀신? 전쟁? 질병? 저는 사랑받지 못하는 거라고 생각합니다. 실제로 소외당하는 상황에 놓였을 때, 뇌는 그 상황을 생명과 직결된 매우 중요한 문제로 판단합니다. 그래서 우리는 사랑받기 위해 다양한 전략을 구사하고 있습니다. 외모를 가꾸고, 유행을 살피고, 돈을 벌고, 지위나 명예를 얻기 위해 노력합니다.

삼십 대 초반까지만 해도 저는 인간관계로 인해 정말 힘들었습니다. 타인에게 착해 보여야 한다는 강박이 있어서 많은 일들을 떠맡게 되었고, 각종 모임에 전부 참여하고, 누군가 부탁하면 모두 수락했습니다. 그러다 보니 어느새 관계에 질질 끌려다니는 사람이 되어 있었고, 몸과 마음이 만신창이가 되었습니다. 결국에는 고립감과 소외감이 깊어지는 악순환에 빠졌습니다. 제가 제일 힘들었던 부분은 관계 주도권이 타인에게 있다는 느낌이었습니다. 결국에는 끊어야 할 관계와 유지해야 할 관계를 구분하는 것도 포기해버렸고 모든 관계를 다 기피하는 나쁜 버릇이 생겼습니다. 결국 그렇게 스스로를 더 고립시키고 외롭게 만들어버렸습니다. 저와 같은 상황으로 힘들어 하시는 분들을 위해 이번 장에선 제가 만든 저만의 극복 방법인 '관계 지도 그리기'를 소개할게요. 관계 일기를 써보며 저는 관계에 있어 많이 좋아졌습니다. 물론 지금도 모든 관계에 있어서 완벽한 것은 아니지만 예전과는 분명 다릅니다. 관계를 제가 주도하며, 멀리해야 할 관계와 가까이해야 할 관계를 구분합니다. 정말 많은 사람들과 교류하는 세상에서 관계의 주인이 될 수 있는 방법을 지금부터 알아보죠.

관계 지도 그리기

저는 관계를 구성하는 다섯 가지 요소가 있다고 생각합니다. 첫 번째는 거리, 두 번째는 소통 가능성, 세 번째는 의미와 기대, 네 번째는 영향력, 다섯 번째는 미지의 영역입니다. 이 다섯 가지의 관계 요소를 활용해 관계 일기를 쓰는 법을 알려드리겠습니다.

먼저 자신의 노트에 나를 중심으로 해서 세 개의 원을 그려주세요.

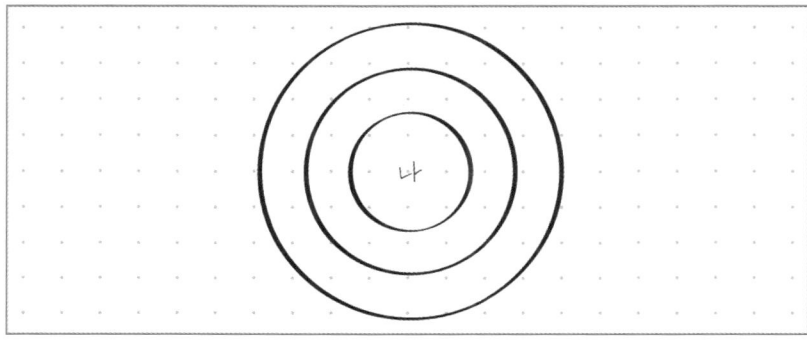

거리

원 세 개를 그리는 이유는 나를 둘러싼 타인과의 거리를 측정하기 위함입니다. 가장 가까운 관계를 첫 번째 원에, 가장 먼 관계를 가장 바깥쪽에 그리면 됩니다. 제가 말하는 거리는 심리적으로 가까운 거리 즉, 그 사람을 내가 얼마나 자주 생각하느냐에 달려 있습니다. 여기서 보통 많이 실수하는 것이 가족이나 친구를 무조건 안쪽에 그리는 겁니다. 타인과 나의 거리는 내가 얼마나 자주 그 사람에 대해 생각하느냐에 달려있습니다. 그러면 내가 가장 미워하는 사람과 내가 가장 사랑하는 사람이 같은 구역 안에 있는 상황이 발생하게 됩니다. '미워하면 먼 거 아니에요?'라고 물어보는 분도 있을텐데요. 하지만 우리가 누군가를 미워하면 그 사람을 더 자주 생각하게 되고, 우리의 뇌는 그 사람이 중요하다고 판단하고 더 오래 기억하게 됩니다. 즉 나의 가장 가까운 원에 내가 가장 미워하는 사람을 들어오게 하는 것입니다. 첫 번째 원에는 내가 가장 많이 생각하는 사람들을 적어보세요. 가족들, 친구들, 혹은 내가 좋아하는 가수, 배우, 아티스트, 존경하는 인물, 스트레스를 주는 누군가가 들어올 수 있습니다.

그리고 두 번째 원에는 나를 긍정적으로 생각해 줄 것 같은 사람들을 적어보세요. 오랜 친구나 가족, 애인이 있을 겁니다. 세 번째 원에는 나와 상대방이 서로 비슷한 빈도로 생각할 것 같은 사람들을 적어보는 겁니다. 가장 대표적으로 직장 동료들이 있겠습니다. 마지막으로 원 밖에는 자주 마주치기는 하지만 큰 관심을 갖고 있지 않은 사람들을 적어보세요. 예를 들면, 매일 가는 카페의 직원, 다른 부서의 직원, 동네 주민이 있을 겁니다.

소통 가능성

이제부터가 중요합니다. 나와 상대방 사이에 선을 긋는 겁니다. 상대방과 내가 직접적으로 대면하거나, 소통이 가능한 상황이라면 직선으로 그으세요. 소통이 불가능한 사람들, 예를 들어 돌아가신 고인이나 만날 수 없는 유명인 같은 경우는 점선으로 그으세요.

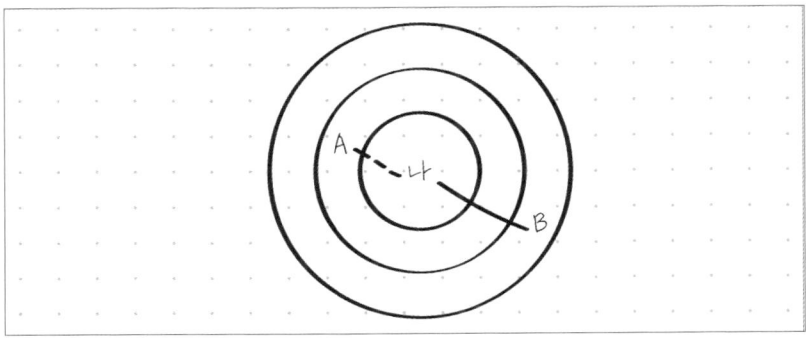

의미와 기대

선을 다 그은 다음에는 나와 상대방의 관계를 정의해 봅시다. 정의는 길게 쓰지 말고, 짧고 함축적으로 요약하는 게 좋습니다. 관계의 의미는 여러 가지 단어로 정의될 수 있습니다.

예를 들어 연인이나 배우자에게는 '사랑', '신뢰', '지지' 같은 것이, 직장동료에게는 '동료애', '믿음', '영감' 등이 있을 수 있겠죠?

그다음에는 해당 관계에 대한 나의 기대심을 적어보는 겁니다. 예를 들어, 부모님에게는 '어른 대접', '잔소리 멈춤', '무한한 믿음', 친구는 '변함없는 우정', 동료와의 관계에서는 '신뢰'와 '존중', '적절한 거리' 같은 기대심을 적을 수 있습니다.

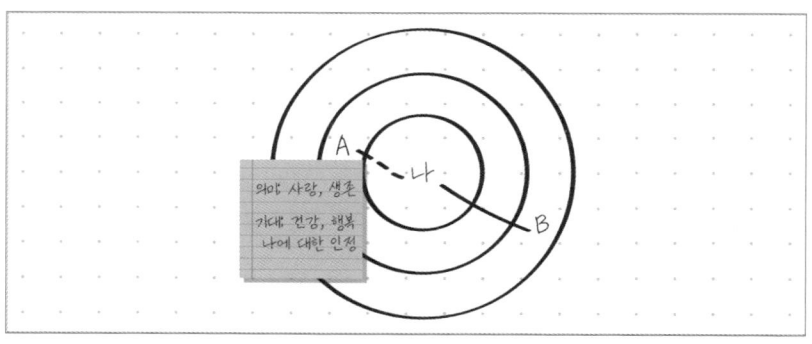

관계에 대한 기대심을 적어보는 이유는 상대방에 대한 나의 일방적인 기대감이 있지는 않은지 점검하기 위해서입니다. 이런 점검이 필요한 이유는 높은 기대감은 상대방에 대한 의존도와 실망감과도 연관이 있기 때문인데요. 상대방을 향한 섣부른 기대나 과한 의존이 큰 실망과 서운함으로 이어져 관계를 망치는 일을 막기 위함입니다.

영향력

이번에는 영향력을 평가하는 가장 중요한 단계입니다. 여기서의 영향력 평가는 사회적 지위나 권위를 말하는 게 아닙니다. 관계에 있어서 영향력을 행사하는 방향을 파악하는 겁니다. 내가 상대방에게 영향력을 끼친다면 상대방 쪽으로 화살표를 그리고, 상대방이 내게 영향력을 끼친다면 내 쪽으로 화살표를 그려보세요.

내가 상대방에게 영향력을 끼친다는 것은 이런 겁니다. 상대방에게 미소를 보이는 것, 상대방의 부탁보다 더 많은 호의를 베푸는 것, 먼저 연락을 해서 약속을 제안하는 것, 먼저 안부를 묻는 것처럼요. 영향력의 화살표를 그려보며 내가 주는 사람인지 받는 사람인지 확인해 보세요.

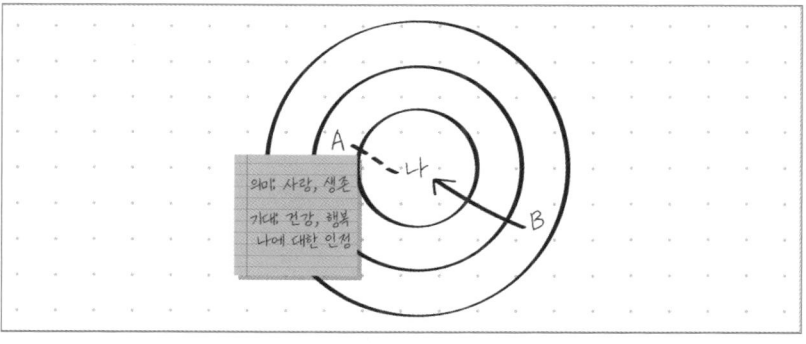

관계에서 주도권을 뺏기기 가장 좋은 것이 바로 영향력입니다. 상대방에게 무언가 받기만을 원한다면 그 사람에게 나의 주도권을 넘겨준 것입니다. 왜냐하면 그 사람의 영향력이 없으면 난 관계를 유지할 수 없기 때문입니다. 하지만 내가 주는 사람이 된다면 주도권은 나에게 넘어오게 되고 내가 원하는 대로 관계를 조절할 수 있습니다.

생각에 빠지기

이렇게 완성된 지도를 어떻게 해야 할까요? 우리는 그 지도를 바라보면서 잠시 생각에 빠져야 합니다. 지도를 보며 거리를 판단해보는 겁니다. 우선 나와 부정적으로 가까운 사람은 멀리 보내야 합니다. 멀리 보내는 방법은 단순합니다. 상대방을 잊어버리는 겁니다. 단순히 '그 사람을 잊어야지, 잊어야지'라고 생각하는 것이 아니라, 그 사람이 앉아 있던 자리에 새로운 사람을 앉히는 겁니다. 새로운 사람은 어디에 있을까요? 바로 내 두 번째 원 혹은 세 번째, 네 번째 원에 있는 사람 중 내가 조금 더 가까이 두고 싶은 사람들을 한번 살펴보세요.

상대방이 나의 전부를 모르듯이 나도 상대방을 전부 알지 못한다는 사실도 잊지 말아야 합니다. 모든 사람에게는 미지의 영역이 있습니다. 내가 좋아하는 사람에게도 내가 싫어하는 모습이 있을 수 있고, 내가 싫어하는 사람에게도 내가 좋아하는 모습이 있을 수 있다는 것을 항상 기억하고 상대방을 바라보길 바랍니다. 그러면 상대방에 대한 과도한 기대나 애정, 미움을 갖지 않고 자유롭고 편안한 독립적인 관계를 누릴 수 있을 겁니다.

다음으로는 소통 가능성에 대해서도 생각해봐야 합니다. 소통할 수 있고 나와 긍정적인 관계를 갖고 있는 사람인데도 오히려 나로부터 먼 곳에 있는 사람은 없는지 살펴보세요. 혹은 소통할 수도 없는 사람을 가까운 곳에 두고 있지는 않은지도요. 예를 들면, 연예인이나 위인에게만 신경을 쓰고 정작 나와 가장 가까이 있는 가족이나 친구에게 소홀하지 않으셨나요? 이런 것들을 한번 점검해 보는 겁니다.

애매한 관계에 대해서도 생각해보면 좋습니다. 이 사람을 가까이 두어야 할지 아니면 멀리 두어야 할지, 적정하게 유지해야 할지 등등 고민이 되는 관계가 있습니다. 그럴 때 저는 상대방과의 관계에 10을 곱해봅니다. '내가 B라는 사람과의 관계를 10년 동안 지속했을 때, 과연 우리는 좋은 관계가 될 수 있을지'를 질문해보는 겁니다. 10년이 지났음에도 그 사람과의 관계가 의미 있고 좋을 것 같다는 생각이 든다면, 여러분의 관계 지도에서 가까운 쪽으로 옮겨보세요.

관계 지도 그리기는 나에게 도움이 되는 사람만 곁에 두기 위해 쓰는 게 아니라, 내가 맺고 있는 관계를 객관적으로 바라보기 위해 쓰는 겁니다. 관계 지도를 기반으로 작성한 관계 일기를 보며 관계에 대해 다시 정리해보고, 상대방과의 이상적인 거리를 찾아갈 수 있습니다.

단, 한 번의 그리기로 관계 정리가 완벽해질 수 없다는 것도 주의해야 합니다. 매일 관계 지도를 그릴 필요는 없지만 정기적으로 1년에 한 번이든, 6개월에 한 번이든, 한 달에 한 번이든, 어떤 관계에 대한 나의 고민이나 무게감이 느껴질 때 한 번씩 그려보면서 정리해보시는 것을 추천합니다.

삶을 위해 써보기

몸 일기

기상, 양치, 버스, 퇴근, 유튜브, 야식.
기상, 양치, 버스, 퇴근, 유튜브, 야식.
기상, 양치, 버스, 퇴근, 유튜브, 야식…….
와, 주말이다! 주말 끝.
기상, 양치, 버스, 퇴근, 유튜브, 야식…….

다람쥐가 쳇바퀴를 도는 것보다 내 삶이 더 형편없어 보일 때 우린 어떻게 해야 할까요? 가뭄의 단비처럼 찾아오는 휴일에 맛집을 찾아 다니고, 여행을 떠나면 될까요? 그럼 주 7일 중 5일은 불행하고, 2일만 행복한 삶이 과연 의미 있을까요? 단조로운 일상 때문에 겪는 무기력, 퇴사와 일탈을 꿈꾸지만 막상 실행에 옮기지 못해 괴로운 지옥 같은 나날을 벗어나는 방법은 무엇일까요? 결론부터 말씀드리자면, 바로 그 지옥을 관찰하는 겁니다.

지옥을 관찰하기 위해선 질문을 던져야 합니다. 질문은 크게 두 가지 방식으로 구성되어 있습니다.

하나. 만약 ~라면

둘. 저것의 핵심은 뭐지?

만약 ~라면

질문 '만약 ~라면'은 일명 'Magic if'라고 불립니다. 이 방식의 질문은 우리의 사고를 열어줍니다. 이런 질문이 쓸데없는 망상처럼 들릴 수도 있지만, 새로운 영감을 얻을 수도 있습니다. 여러분이 매일 마주치는 것들에 '만약 ~라면'이라고 질문해보세요. 예를 들면, '내가 만약 고양이가 된다면', '내가 만약 장미가 된다면', '내가 만약 카페를 차린다면', '내가 만약 신호등을 만든다면', '내가 만약 길거리에 광고를 한다면 뭐라고 쓸까?'처럼요. 우리가 매일 만나는 일상의 사소한 것들에 질문을 해보는 겁니다.

망상처럼 들릴 수 있는 이 질문을 통해 수십 억을 버는 사람들도 있습니다. '만약 누워서 자전거를 탄다면'이란 생각에서 출발한 리컴번트Recumbent 자전거는 특수 제작되는 방식이라 가격이 굉장히 비싸고, 쉽게 구할 수도 없는 제품입니다. 또 '만약 사람의 뼈로 가구를 만든다면'이란 생각에서 출발한 요리스 라만Joris Laarman의 뼈 형태의 가구도 있습니다. '만약 건물이 휘어진다면'이란 생각에서 시작된 삐뚤어진 집이란 뜻의 크룩트 하우스The crooked house는 인구 4만 명밖에 안 되는 작은 폴란드 도시에서 대표적인 관광 명소로 자리 잡으며 지역

경제를 활성화시켰습니다.

저것의 핵심은 뭐지?

두 번째 질문은 앞서 소개한 확장형 질문과 다르게 사물이나 현상의 본질을 파악하는 질문입니다. 형사물의 범인 잡기를 좋아하시거나, 퀴즈 맞추기를 좋아하는 분들은 좋아하실 겁니다. 여러분이 일상에서 매일 만나는 것들의 본질을 한번 물어보세요.

나를 촬영하고 있는 저 카메라의 본질은 뭘까? → 관찰? 사람의 눈?
내가 맨날 보는 저 다리의 본질은 뭘까? → 공간 연결? 이동 수단?
내가 매일 타는 버스의 본질은 뭐지? → ……
이런 식입니다.

핵심을 파악하는 질문을 통해 독특한 작품을 만들어내는 사람도 있습니다. 건축의 아름다움은 겉을 가리는 게 아니라 내부를 드러내는 것이라는 핵심을 발견하고 각종 배관을 그대로 노출시켜 건축의 관점을 바꾼 프랑스의 퐁피두 센터Centre Pompidou를 건축한 건축가들. 누구나 아는 흔한 동물인 소의 형태의 핵심을 파고 들어 자신만의 미학을 만들어낸 파블로 피카소Pablo Picasso와 로이 리히텐슈타인Roy Lichtenstein 처럼요.

굳이 이렇게까지 관찰해야 되냐고 묻는 분도 있을 겁니다. 전 그럴 때마다 저의 예전 직장 동료 K의 얘기를 들려줍니다. 자신의 일상이 항상 지루했던 K는 틈만 나면 여행을 다녔습니다. 여행에 미쳤다고 할 정도로 돈이 생기면 바로 티켓을 끊어 여행을 떠나곤 했습니다. 다른 동료들은 그런 K를 굉장히 부러워했습니다. 하지만 전 그녀가 굉장히 안타까웠습니다. 대부분의 삶은 바로 이곳에서 보내는데, 그녀는 이곳에서 전혀 행복하지 않았기 때문입니다. 그녀는 주변에서 일어나는 모든 일에 무관심했습니다. 다른 동료들의 친절, 소소한 계절의 변화, 직장에서 일어나는 자잘한 사건들. 물론 그녀도 머리로는 이해하고 있었지만, 마음으로는 기뻐하지 않았고 오로지 여행에만 집중하고 있었습니다.

그러던 어느날 그녀가 여행에서도 재미를 느끼지 못하기 시작했습니다. 호텔, 관광지, 현지 음식, 몇 장의 사진을 SNS에 업로드하는 과정이 어느 순간부터 지루하게 느껴지기 시작했습니다. K는 자신이 그렇게 좋아하던 여행에서 재미를 못 느낀다고 생각하자 결국 심한 우울감에 빠져들기 시작했습니다. 왜 K는 그렇게 좋아하던 여행에 재미를 잃었을까요? 그건 바로 재미에 적응했기 때문입니다.

스탠퍼드 대학 신경학과 교수 데이비드 이글먼David Eagleman은 창의적 결과물을 내놓는 사람들을 연구한 결과 우리가 창의성을 발휘하지 못하고 무관심해지는 이유를 뇌가 가진 적응 모드 때문이라고 설명합니다.* 새로운 자극을 받으면 뇌는 활발히 움직이지만, 이 자극을 반복하면 뇌의 활동은 점차 줄어듭니다. 아무리 웃긴 얘기를 해도 자꾸 들으면 재미없는 이유가 바로 이 때문입니다. 왜냐하면 새로운 환경에 빨리 적응해서 불필요한 낭비를 막기 위해 뇌의 적응 모드가 작동하기 때문입니다. 이 적응 모드를 통해 우리는 젓가락질을 하고, 자전거를 타고, 한 분야의 달인이 되기도 합니다. 하지만 무언가에 적응하는 순간 바로 무관심해지는 문제도 있습니다.

적응 모드와 정반대로 언제 어떻게 생길지 모르는 돌발 상황에 대비하기 위해 변화를 추구하는 창작 모드도 있습니다. 가던 길이 아닌 다른 길을 가보고, 새로운 사람을 만나고, 새로운 이야기를 찾는 것처럼요. 그리고 이 창작 모드를 발동시키는 것은 관찰입니다. 즉 우리가 관찰을 멈추면 무언가에 바로 적응하게 되고, 적응하는 순간 우리는 지루함을 느끼고 삶이 재미 없어집니다. 따라서 우리가 지루함, 무기력, 공허함으로 가득한 삶의 지옥에서 탈출하려면 관찰은 선택이 아니라 필수라는 겁니다.

그렇다면 우리는 매일 반복되는 일상에서 무엇을 관찰하고 무엇을 기록해야 할까요? 프랑스 작가 다니엘 페나크Daniel Pennac의 소설 『몸의 일기』는 한 남자가 열세 살 때 보이 스카우트Boy Scouts에서 신체 변화를 경험한 것을 계기로 팔십 세가 될 때까지 매일 조금씩 달라지

---

* 데이비드 이글먼 외 1인, 엄성수 역, 『창조하는 뇌』, 쌤앤파커스, 2019, 27쪽.

는 몸과 몸의 변화에 따라 변하는 마음을 일기의 형태로 기록한 것이 내용의 전부입니다. 이후 소설의 주인공인 남자는 자신의 딸에게 자신의 내밀한 기록을 선물로 건넵니다. 페나크는 이 책을 통해 한 인간의 경험과 삶을 아주 생생하게 보여줍니다.

제일 좋은 관찰 대상은 바로 자신입니다. 동의나 약속 없이 쉽게 관찰할 수 있기 때문입니다. 하지만 처음부터 나의 모든 것을 관찰하는 것은 버거울 수 있습니다. 그래서 제가 제안드리는 것은 바로 몸에 대한 관찰입니다. 여러분이라는 사람을 몸을 중심으로 관찰하면 어떻게 될까요?

몸 일기 써보기

노트를 펼치고 몸을 중심으로 오늘 하루가 어땠는지 적어보세요. 단, 다이어트나 뷰티가 아닌 나라는 생물이 어떻게 움직이고 어떻게 반응했는지를 적어보는 겁니다.

예를 들면, 아침에 일어났을 때 가장 뻐근한 부위는 어디였는지, 그로 인해 기분은 어땠는지 적어보는 겁니다. 혹은 저녁 식사를 하고 속은 어땠는지, 음식을 씹을 때 느껴지는 느낌은 어땠는지, 일을 하면서 허리나 엉덩이는 어땠는지, 마우스를 연신 눌러대는 오른손 검지는 어땠는지, 하루 종일 긴장된 부위가 있었는지, 있다면 왜 그랬는지, 퇴근할 때 어떤 길로 가는 걸 좋아하는지, 그때의 발걸음은 어땠는지, 나에게 어떤 음악을 들려줬을 때 엉덩이를 흔들었는지, 화가 나거나 기분이 좋을 때 내 몸은 어떻게 움직였는지, 가을 바람을 맞으니 얼굴 근육은 어떻게 변하고 어깨와 손, 발 등은 어떻게 움직였는지.

이렇게 몸을 중심으로 스스로를 관찰하면 나라는 존재의 신비로움과 흥미로운 사실들을 많이 발견할 수 있습니다.

주의사항은 자신의 신체나 외모를 평가하거나 타인과 비교하지 말아야 한다는 겁니다. 거울을 보면서 자신의 신체와 외모를 평가하는 것은 관찰이 아닌 불만, 불평에 가깝기 때문입니다. 제가 말하고자 하는 것은 몸에 대한 관심이며, 몸이 하루 종일 어떤 상태로 어떻게 변화하는지를 애정어린 시선으로 지켜보시라는 것입니다.

이 글을 다 읽고 난 후 당신의 몸은 어떤가요? 몸의 변화는 기분의 어떤 변화를 불러일으켰나요? 변화에 대해 가볍게 적어보면서 몸일기를 시작해보는 건 어떨까요?

질문 일기

인공지능을 잘 다루려면 질문하는 능력을 키워야 한다고 하는데 여러분은 질문을 잘하시나요? 잘한다면 얼마나 잘하나요? 얼마나 정확하게 하시나요?

일기를 쓰면서 혹시 이런 경험 해보신 적 있나요? 질문들은 계속 생기는데 질문에 대한 마땅한 답을 스스로 못하고, 질문 속으로 깊이 들어가지 못하고 질문의 겉만 뱅뱅 도는 느낌을 겪은 경험 말입니다. 그러다 결국 일기쓰기에 흥미를 잃고 깊이 있는 단계까지 못 들어가는 답답한 느낌을 받게 되기도 합니다.

저도 그런 느낌을 느끼는 한 사람이었습니다. 그리고 제 주변을 관찰하기 시작했을 때 글을 잘 쓰는 사람, 아이디어를 잘 내는 사람, 복잡한 인생에도 뭔가 중심을 잃지 않고 단단하게 살아나가는 사람, 논쟁을 해도 샛길로 빠지지 않고 핵심을 정확하게 콕콕 찍는 사람들의 바탕에는 질문하는 힘, 구체적으로 질이 좋은 질문을 하는 능력이 있다는 걸 알게 되었습니다. 그래서 저는 질문하는 힘을 키우기 위해서 다양한 방법을 시도해 봤고 그중에서도 특히 제가 효과를 많이 본 방법을 소개해드리고자 합니다. 학업, 연애, 대인관계, 일상의 거의 모든 부분에 도움을 줄 수 있는 쉽고도 재미있는 질문 일기쓰기법에 대해서요.

질문에 대한 오해

역사적으로 위인들은 어려운 질문에 답을 찾았던 사람들입니다. 이런 질문을 일명 빅 퀘스천big question이라고 하지만 우리는 위인들처럼 빅 퀘스천에 도전하는 사람들이 아닙니다. 그럼에도 불구하고 우린 질문이라는 게 뭔가 철학적이고 어렵고 깊이 있는 어떤 것이어야 한다고 생각합니다. 그래서 연말이 되면 우리는 우리에게 이런 질문들을 던집니다. '내년을 어떻게 살 것인가?' 사랑하는 사람을 만나면 이런 류의 질문을 던집니다. '너는 나를 영원히 사랑할 것인가?', '나를 얼마큼 사랑하는가?' 이렇게 밀도 있고 어려운 질문들은 쉽게 대답을 할 수도 없고 몇 년 혹은 평생에 걸친 연구 끝에 겨우 답변을 얻을까 말까 한 것도 있습니다.

그럼에도 우리는 어떤 질문을 받으면 대답을 잘해야 한다는 강박을 갖고 있고, 대답을 잘 못하면 무능함을 느끼고 자괴감에 빠집니다. 그래서 우리가 선택하는 방법은 아예 질문을 받지 않거나 질문 자체를 하지 않는 것입니다. 그러면 우리의 사고력은 더 안 좋아지고 문제는 해결되지 않으므로 악순환의 고리에 빠지게 됩니다. 여러분이 평소 스스로에게 던지는 질문들이 너무 어렵거나 너무 거대하지는 않은지 한번 자문해 보세요. 만약 너무 큰 질문을 던지고 있는 상황이라면 스스로에게 이렇게 말해보세요. '네가 던진 그 질문은 내가 평생 공부해도 대답할 수 없어. 좀 더 현실적이고 구체적으로 질문해 주겠니?' 분명 좋은 질문인데 여기서 문제가 하나 생깁니다. 도대체 현실적이고 구체적인 질문이라는 게 뭘까요?

질문 일기 써보기

질문 일기를 쓰는 방법은 매우 간단합니다. 자신의 고민거리, 관심 있는 주제, 연구 주제, 호기심 거리 등 궁금한 질문 한 가지를 적고 그 아래 연속해서 질문을 써 내려가는 겁니다. 질문만 쓰는 이유는 대답을 찾는 것이 목적이 아니라 좋은 질문을 찾는 것이 목적이기 때문입니다. 그리고 그것이 바로 질문 일기쓰기의 목적입니다.

이제는 너무 식상해진 아인슈타인의 명언이 있습니다. "나에게 한 시간이 주어진다면 좋은 질문을 만드는 데 55분의 시간을 쓸 것이다."

질문을 적어 내려가면서 대답할 만한 가치가 있는 질문, 대답해야만 다음 질문으로 이어질 것 같은 질문은 짧게 단어로 몇 자 적습니다. 중요한 건 알맞은 질문을 찾을 때까지 계속 질문을 던지는 것입니다.

질문 일기는 어떤 상황에도 활용할 수 있습니다. 직장에서 아이디어 도출이나 기획을 많이 하시는 분들의 경우 브레인스토밍 시간에 활용해 볼 수 있습니다.

이 프로젝트는 누구를 위해서 하는가? 그 대상이 이 프로젝트를 통해 얻는 것은 무엇인가? 그것을 얻으면 이 대상은 만족하는가? 이 만족이 우리 브랜드에 어떤 영향을 끼치지? 그 영향이 우리 브랜드에 긍정적인 영향인가? 왜 긍정적인 영향인가? 그 영향을 이미지나 단어로 표현한다면 어떻게 표현할 수 있을까? 그 이미지나 단어가 연상시키는 다른 브랜드는 없는가? 이 프로젝트를 잘 수행하기 위해서 나는 어떤 역할을 해야 하는가? 나는 누구와 함께, 어떻게 일을 해야 하는가?

연인이나 친구, 가족과 같은 대인관계에도 적용해 볼 수 있습니다.
그 사람과 나의 관계가 더 나아지려면 어떻게 해야 할까? 더 나아져야 할 이유는 뭔가? 그 이유가 진심으로 내게 납득이 되는가? 관계가 나아졌을 때 그 사람과 나, 둘 다 어떤 영향을 받게 되는가? 그 사람도 그것을 원하는가? 그 사람은 우리 관계에서 어떤 것을 원하는가? 그 사람이 원하는 것을 나도 원하는가? 억지로 나아지는 게 아닌 진심으로 나아지길 원한다면 내가 할 수 있는 건 뭔가?

질문을 던지는 순간, 이미 대답은 우리 머릿속에 있습니다. 그래도 그것을 굳이 적으실 필요는 없습니다. 앞서 말했다시피 질문 일기 쓰기의 중요한 목적은 대답을 잘하는 것보다 정말 나에게 중요하고 필요한 질문을 찾아내는 것이 더 중요하기 때문입니다. 대답을 자꾸 쓰다 보면 에너지가 소모되고 그다음 질문을 할 수 있는 에너지는 점점 떨어집니다. 그래서 정말 대답할 만한 가치가 있고 필요한 질문을 만났을 때에만 대답을 적는 겁니다.

좋은 질문

그러면 여기서 이런 질문이 생깁니다. '정말 좋은 질문이라는 건 뭐지?' 바로 해상도가 높은 질문입니다. 현재 내 상황에 맞고 내가 행동으로 옮겨서 해결할 수 있을 것 같은 질문이 바로 해상도가 높은 질문입니다. 예를 들면, '내년에 어떻게 살 것인가?' 보다 '내년을 만족스럽게 보내기 위해서 지금 내가 알아야 하거나 지금 내게 필요한 것은 무엇인가?'의 해상도가 더 높습니다. 주의 사항이 있습니다. 앞서 말씀드렸다시피 질문을 이어가되 대답이 필요한 순간에만 짧게 짧게 대답하는 것이 좋습니다. 중요한 본질은 대답보다 질문에 더 집중함으로써 질 좋고 해상도가 높은 질문을 도출해 내는 것입니다. 내 집중력을 위해서 최소 15분 정도는 아무것도 하지 않고 이 질문 만들기에만 집중하는 겁니다.

시대는 점점 바뀌어가고 우리에게는 더 많이 기억하는 능력이 아니라 질문을 더 잘하는 능력이 요구되고 있습니다. 우리 각자의 환경과 상황이 너무 다르기 때문에 나 자신의 문제를 해결할 수 있는 것은 결국 나뿐입니다. 고로 질문 일기쓰기를 통해 여러분들의 사고력과 문제 해결 능력을 키우시고 더 나은 삶을 살아가실 수 있길 바랍니다.

의미탐구 일기

삼십 대가 된 후 저를 괴롭혔던 것은 바로 '의미'입니다. '지금 내가 혼신을 쏟고 있는 이 일이 과연 나에게 의미가 있는 걸까?', '악착같이 돈을 벌려고 하는데 과연 이것은 어떤 의미인가?'와 같은 생각으로 시작해, 결국 '내 삶의 의미는 무엇인가?'까지 다다릅니다.

스스로의 존재와 일상이 너무나도 평범하게 느껴질 때 우리는 어떻게 해야 의미를 찾고 실현할 수 있을까요?

의미탐구 일기 써보기

의미탐구 일기를 쓰기 위해서는 총 네 개의 줄이 필요합니다. 첫 번째 줄은 자신이 추구하는 가치를 적는 줄입니다. 가치 단어*는 여러

---

*   사랑, 연민, 지혜, 평화, 배려, 성실, 신뢰, 절약, 용기, 용서, 이해, 우정, 감사, 아름다움, 공감, 기쁨, 균형, 친절, 책임, 진리, 긍정, 겸손, 명예, 능동, 열정, 협동, 희망, 창조, 인내, 성찰, 소박함, 통찰, 탐구, 호기심 등. ('성공', '행복'은 가치보다 결과에 가깝습니다.)

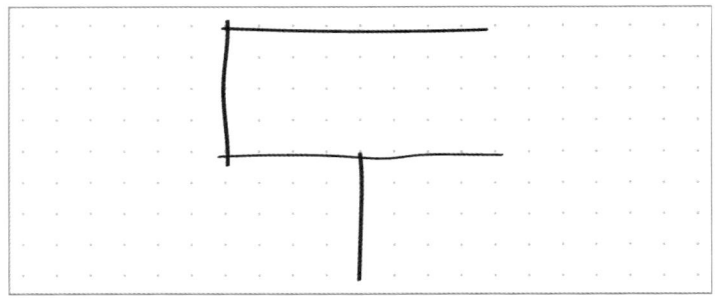

가지가 있습니다. 여러 가치 단어 중에서 여러분 각자가 추구하는 가치 단어를 적어보세요. 주의할 점은 가치 단어가 너무 많으면 안 된다는 겁니다. 최소 한 개에서 최대 다섯 개 이하로 적는 게 좋습니다.

저의 일기를 예로 들어 설명드려볼게요. 제가 추구하는 가치는 창조, 근면, 자유입니다.

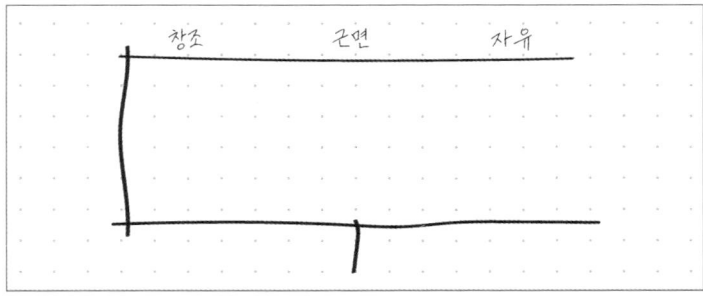

그 다음 왼쪽에 있는 두 번째 줄에는 우선순위를 적습니다. 예를 들어, 건강, 학생들의 경우에는 공부, 자녀가 있는 부모님은 육아, 직장인에게는 직무, 사업가에는 사업 등이 있을 겁니다. 우선순위는 자신의 사회적 역할이나 환경에 따라 달라질 테니 각자의 일상을 천천히 들여다보시고 자유롭게 적어보세요.

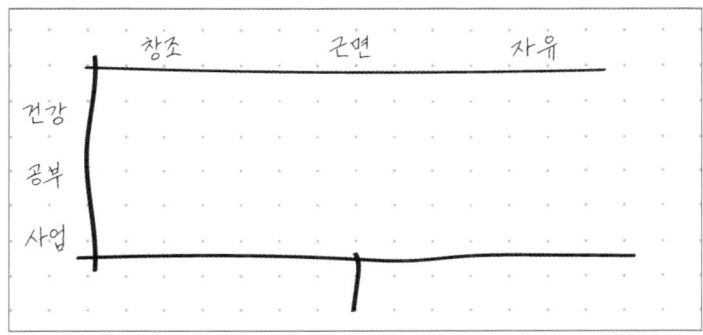

이제 가치와 우선순위를 조합할 차례입니다. 조합은 첫 번째 줄과 두 번째 줄이 만나 생긴 공간에 적으면 됩니다. 저는 이 공간을 목표라고 부르기도 하지만 미션이라고 부르는 걸 더 좋아합니다. 왜냐하면 목표는 결과에 집중하는 반면, 미션은 책임감을 갖고 해결해야 할 사명으로 느껴져서 가치를 더욱 추구하고 싶은 욕망을 불러일으키기 때문입니다.

예를 들면, 저는 가치 '근면'과 우선순위 '건강'을 조합해서 '매일 운동하기'를 실천하고 있습니다. 또 가치 '자유'와 우선순위 '사업'을 조합해서 '프리랜서, 개인 브랜드' 등을 실천 중에 있습니다. 이 부분은 가치 '창조'와도 조합될 수 있는 부분입니다. 나 자신이 새로운 것을 만들어낼 수 있는 사람이 되고자 하기 때문입니다. 그렇다면 '창조'와 '근면', '건강'을 조합해서 '매일 운동하기'를 통한 '건강한 나'를 창조하는 것도 가능해지겠네요.

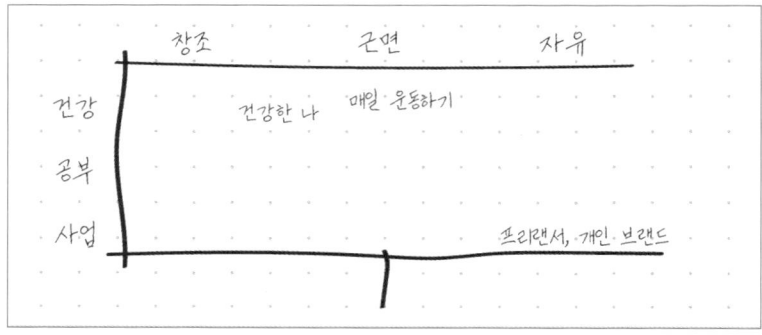

다음으로 하단 왼쪽 영역은 '액션 영역'입니다. 액션 영역은 위에서 정한 미션을 실제 행동으로 옮기기 위한 공간입니다.

예를 들면, '매일 운동하기 미션'을 실천하기 위해 'PT 또는 헬스장 등록'을 한다든지, 프리랜서로서의 직무도를 높이고 혹은 더 성장하기 위해서 직무 교육이나 브랜드 교육을 받는다든지 등의 액션 계획이 나올 겁니다. 이런 것들을 액션 영역에 적어보세요.

그 다음 액션과 충돌하는 문제들을 'Pproblem 영역'에 적습니다.
예를 들어, 운동은 해야 하지만 헬스장에 가고 싶지 않은 문제 상황이 발생할 수 있습니다. 아니면 직무 교육을 받아야 하는데 시간이 없을 수도 있습니다. 액션 영역이 이상적인 영역이라면, P 영역은 현실적인 영역이라고 볼 수 있습니다. 그래서 이상과 현실을 동시에 살피면서 현실에서 생기는 문제들을 어떻게 해결할지 계획해 보는 겁니다. 헬스장에 가기 싫다면 대신 필라테스나 요가 혹은 다른 운동을 계획하고, 직무 교육을 받을 시간이 없다면 평소에 여유 시간을 어떻게 활용하고 있는지 되돌아 볼 수 있습니다.

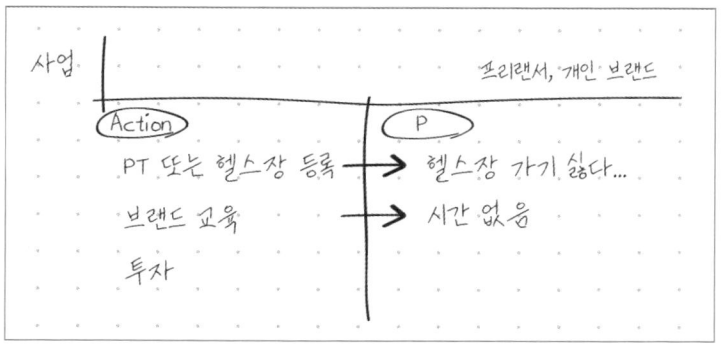

정리해보자면, 먼저 의미를 찾고, 그 의미를 내 우선순위에 적용

하고, 적용한 우선순위에서 행동으로 옮길 수 있도록 행동 리스트를 만들고, 그 행동 리스트가 현실로 적용됐을 때 발생할 수 있는 문제들을 적고 그 문제들을 어떻게 해결할 수 있는지 해결책까지 적어보는 겁니다.

몇 년 전 카페 알바를 하고 있던 그날도 전 의미에 대한 고민을 하고 있었습니다. 그러던 중 손님이 들어와 차가운 커피와 따뜻한 커피 포장 주문을 하셨습니다. 그리고 음료가 나오자마자 획 낚아채더니 한쪽으로 가서 용기를 확인하기 시작했습니다. 지금도 그렇지만 그 당시엔 코로나 직후라 환경에 굉장히 예민했던 시기였습니다. 카페에서 플라스틱 사용을 자제해야 한다는 문제의식이 사회 전체에 퍼지고 있던 때였습니다. 아마도 그 손님은 인근 매장을 다 돌아다니면서 카페가 친환경 용기를 쓰고 있는지 검사하는 것 같았습니다.

당시 제가 일하던 카페는 PLA*제품을 사용하고 있었고, 빨대만 바꾸지 못한 상태였습니다. 곧 손님이 다가와서 왜 빨대는 친환경이 아닌데 친환경 매장이라고 홍보를 하냐며 사장을 불러달라고 했습니다. 그리고 곧 사장님이 나와 그 손님과 실랑이를 벌이기 시작했습니다.

저는 그 광경이 너무나도 신기했습니다. 다른 가게는 코로나로 인한 경제적 손실을 어떻게든 메꾸기 위해 아끼는 상황에서 사장님

---

*   Poly Lactic Acid. 가장 보편적으로 쓰이는 생분해 플라스틱.

은 친환경 용기로 바꾸는 과감한 선택을 한 것도 신기했고, 그런 사장님 앞에서 빨대는 친환경 소재로 만들어진 게 아니라는 이유로 책잡는 손님도 신기했습니다.

 그리고 저는 사장님과 손님을 바라보며 이런 생각을 했습니다. '두 사람 다 환경을 지키기 위해 최선을 다하고 있는데, 과연 둘 중에 누가 더 의미있는 행동을 하고 있는 걸까?' 지금 돌이켜 봐도 손님의 노력이 대단한 것은 사실이지만, 본인이 추구하는 가치를 실현하기 위해서는 감시보다는 다른 행동을 하는 게 더 낫지 않았을까 싶습니다. 타인을 움직이게 할 것이 아니라 자신이 직접 행동하는 방향으로 말입니다.

죽음 일기

여러분, 버킷리스트 bucket list 라는 말의 유래를 알고 계신가요? 버킷리스트는 '죽다'의 속어인 'kick the bucket'에서 유래했습니다. 버킷은 사형수가 사형을 기다릴 때 뒤집어 밟고 올라가는 양동이로, 이 양동이를 차면 사형수는 목을 매게 됩니다. 이 말이 잔인하긴 하지만 한 걸음 떨어져서 생각해 보면 결국 우리는 모두 죽으며, 언제 어떻게 죽을지 모릅니다. 그런 의미에서 우리도 발밑의 양동이가 언제 걷어차일지 모르는 존재와 같은 운명이라고 볼 수 있습니다.

버킷리스트를 쓴다는 것은 크게 두 가지 관점을 내포하고 있습니다. 하나는 우리가 죽기 전까지 우리가 누릴 수 있는 모든 것들을 누려야 된다는 쾌락주의적 관점이 있고, 다른 하나는 죽는다는 것이 마치 스위치가 꺼지듯 한순간에 일어나는 어떤 사건이라는 관점입니다. 그런데 모든 것들을 다 이뤘다고 해서 우리가 정말 편하게 우리의 죽음을 맞이할 수 있을까요?

죽음의 모습

작가이자 완화의료* 분야의 간호사 샐리 티스데일Sallie Tisdale은 죽음을 맞이하는 환자들과 환자의 가족들의 모습을 보고 죽음을 대하는 태도와 행동에 대해 『인생의 마지막 순간에서』라는 한 권의 책으로 담아냈습니다.

티스데일은 30여 년간 완화의료 분야의 간호사로 일하며 죽음 앞에서 심리적, 신체적, 사회적 혼란을 겪는 환자와 환자의 가족을 많이 봤습니다. 그들은 내일을 어떻게 보낼지, 무엇을 먹을지, 직장이나 학교에 관한 고민 등 그동안 해왔던 고민과 누려왔던 모든 일상적인 순간이 한순간에 혼란으로 변하는 지옥을 경험합니다. 그리고 그녀는 죽음의 다양한 모습도 목격합니다. 사랑하는 가족의 품에서 조용히 떠나는 모습, 갑작스러운 상황에서 정신없이 떠나버리는 모습, 모든 처치와 진통제를 거부하고 온몸으로 고통을 느끼다 떠나는 모습 등 각양각색의 죽음을 말입니다.

이쯤에서 우리는 자연스럽게 자신의 죽음에 대해서 생각하게 됩니다. (이런 질문이 다소 불편할 수도 있지만) 여러분은 어떤 죽음을 맞이하길 원하시나요? 아마 대부분의 사람들은 '좋은' 죽음을 맞이하고 싶어 할 것입니다. 최소한의 고통을 겪고, 병원이 아닌 집에서, 사

---

*   죽음이 임박한 환자나 장기 치료, 투병 과정에서 고통을 겪고 있는 환자들 그리고 그 환자들의 가족들을 대상으로 신체적, 정신적 고통 완화를 돕는 굉장히 포괄적인 형태의 의료 행위.

랑하는 가족들이 내 침대를 둘러싼 채 그들과 마지막 인사를 차곡차곡 건네는 모습일 겁니다.

하지만 티스데일은 그런 죽음은 없다고 단호하게 말합니다. 전문 병원이 아닌 가정에서 환자를 돌볼 경우, 갈수록 대화가 힘들어지는 환자의 상태로 인해 가족들과의 소통은 더 어려워지고, 불치병에 걸린 환자를 돌봐본 경험이 없던 가족들은 환자를 돌보는 것 자체가 극심한 스트레스이자 고통으로 다가오게 되고, 그 스트레스를 환자에게 그대로 표현하면서 서로가 서로에게 상처가 되는 행동을 만들어낼 수도 있다고 그녀는 말합니다. 무엇보다 가장 안타까운 것은 환자가 아닌 환자의 가족이 원하는 죽음의 방식으로 흘러가게 되는 경우라고 말합니다.

"사람들은 흔히 자기 몸을 온전히 통제할 수 있는 상태에서 조용히 떠나는 걸 상상한다. 흠, 그야말로 상상이다. 소위 좋은 죽음에 대한 이상이 우리를 옥죄고 있다. 죽음은 성공이냐 실패냐의 문제도 아니고, 성취해야 할 대상도 아니다. 삶과 죽음은 소유물이 아니다. 죽음이 특정한 방식을 띠어야 한다고 생각한다면, 그와 다를 땐 나쁘다고 판단할 것인가? …… 내 죽음은 오로지 내 소관이며, 내 죽음의 가치는 내가 정하는 것이다. 그렇다면 어떤 죽음이 우리 삶과 어울릴까? 우리가 살기 위해 애썼던 방식을, 살고 싶었던 방식을 죽음에도 반영할 수 있을까? 막연히 '좋은 죽음'을 바라지 말고, '적합한 죽음'

을 고민해 보는 게 낫지 않을까."*

    티스데일은 이 책을 통해 죽음이 한순간에 시작됐다 끝나는 사건이 아닌, 긴 과정이라는 것을 알려줍니다. 교수대 위에서 양동이를 차는 일은 딱 한 번 일어나는 사건이지만, 말기암 진단을 받고 수술과 투병 생활을 이어가는 것은 아주 처절하고 매우 고통스러운 과정이라는 것을요.

    "죽음은 신체의 모든 조직이 참여하는 과정으로, 그 방법과 속도는 조직마다 다르다. 여기서 핵심은 과정이라는 말에 있다. 행위, 순간, 또는 영혼이 떠나가는 시간이라는 뜻의 다른 용어보다 과정이라는 말이 중요하다."**

    죽음이 과정이라는 걸 이해하는 것은 매우 중요합니다. 환자의 입장에서 느끼게 되는 그 혼돈과 고통, 공포는 어떠한 순서나 예고 없이 다양하게 나타나고, 이를 곁에서 지켜보는 가족들 입장에서는 환자가 느끼는 그 감정을 쉽게 공감하거나 이해할 수 없기 때문입니다. 실제 환자와 그 가족들이 겪는 고통은 말로 형언할 수 없을 것입니다. 그럼에도 불구하고 고통을 덜고 조금이나마 편하게 죽음을 맞이하기 위해선 환자와 환자 가족들의 노력과 준비가 필요합니다.

---

*   샐리 티스데일, 박미경 역, 『인생의 마지막 순간에서』, 비잉, 2019, 76~77쪽.
** 샐리 티스데일, 위의 책, 206쪽.

죽음 일기 써보기

티스데일은 죽음 계획서를 써볼 것을 권합니다. 죽음 계획서에 내가 제일 처음 연락을 해야 될 사람의 연락처부터 자신의 재정 관리, 장기 기증, 온라인 아이디와 비밀번호, 만약 내 몸이 스스로 움직이지 못할 경우 어떤 형태의 케어를 받길 원하는지, 통증을 견디면서 정신이 깨어 있길 원하는지, 정신이 몽롱하더라도 고통이 약에 취해 통증이 완화되길 원하는지, 어떤 형태의 종교 의식을 치르고 싶은지, 특수한 상황이 발생했을 경우 누구에게 권리를 위임할 것인지 등 굉장히 세세하지만 모든 요소가 매우 중요한 내용들을 담는 것입니다.

죽음 계획서는 유언과 약간 다릅니다. 유언처럼 임종을 맞이한 후 이뤄져야 할 재산 분배 및 재정 관리 등에 대한 내용이 아닌, 죽음이 시작되는 지점부터 죽고 난 이후까지의 긴 여정에 필요한 내용들을 담는 겁니다. 죽음의 순간이 점점 다가오면서 자신의 가족들과 힘들어지는 의사소통으로 인해 환자 자신과 가족들의 갈등을 최소화시키면서도 최대한 편한 마음으로 죽음을 맞이할 수 있도록 돕는 것입니다.

버킷리스트가 우리의 삶의 목표나 활력을 제공해 주는 이로운 점도 있지만, 우리의 죽음이라는 긴 과정을 보지 못하게 한다는 단점도 있습니다. 왜냐하면 죽음은 짧은 사건이 아니라 긴 과정이기 때문입니다. 만약 버킷리스트를 쓰고 싶으시다면 앞장에는 버킷리스트, 그리고 뒷장에는 자신의 죽음에 관한 계획서를 써보실 것을 권해드립니다. 삶의 밝은 면과 어두운 면 모두를 고려하는 성숙한 태도로요.

알 수 없는 미래

대학생 시절 우연히 친구들과 죽음에 대한 이야기를 나눴던 적이 있습니다. 통계적으로 현대인들이 죽는 가장 큰 경우가 두 가지 있는데, 하나는 교통사고이고 또 다른 하나는 노년에 맞이하는 불치병들입니다. 저는 교통사고야 어쩔 수 없지만 제가 노년이 되어 불치병을 얻게 되면 제 가족들을 힘들게 하지 않을까 하는 생각 때문에 걱정이 된다고 말했습니다. 그 얘기를 듣던 한 친구는 "난 그때까지 안 살 건데."라고 답했습니다. 워낙 철이 없던 시기이기도 했고, 그런 무거운 주제를 다루기엔 성숙하지 못했던 저희는 그냥 웃으면서 이야기를 그렇게 남겼습니다.

하지만 10여 년이 흐른 뒤에 지금 와서 생각해 보니 그 당시엔 제가 이렇게 삼십 대 후반이 될 줄도 몰랐고, 이렇게 유튜브를 찍을 줄, 특히 이런 진지한 얘기를 하는 사람이 될 줄은 몰랐습니다. 결국 앞으로 제가 어떤 버킷리스트를 쓰게 될지, 또 어떤 죽음을 맞이하게 될지는 결코 알 수 없을 것 같습니다.

마지막으로 이 책에도 소개된, 너무나 잘 알려진 아주 짧은 이야기를 하나 들려드리도록 하겠습니다. 부처님의 죽음을 묘사한 불상이나 그림을 보면 오른편으로 누운 모습, 단정하게 펼쳐진 의복, 감겨져 있는 눈과 얼굴에 띠고 있는 잔잔한 미소 등을 떠올리게 됩니다.

하지만 사실 부처님은 그 당시 식중독에 걸려 있었다고 합니다. 그 원인은 시주로 받은 버섯과 고기가 상했기 때문이고, 그로 인해 극심한 복통, 구토, 설사 등을 겪었을 것이라 예측됩니다. 당시 의학 기술로는 부처님의 고통을 진정시킬 진통제를 처방받기 어려웠을 것이고, 아마 맨몸으로 그 고통을 그대로 느끼셨을 겁니다. 그 모습을 바라보는 제자들의 마음이 너무 아팠고, 고통을 겪고계신 스승님의 모습을 차마 두 눈으로 볼 수 없어 고개를 돌렸다고 합니다. 하지만 부처님은 그런 제자들에게 이렇게 얘기했다고 하십니다. "보라. 너희들도 이러할지니라."

기록이 나에게 거는 말

기록을 꾸준히 하고 있었기 때문에 저에 대한 확신도 있었죠.
지난날의 기록이 저에게 '너 열심히 살고 있어. 그러니 퇴사해도 돼.'
라고 말을 걸어주는 것 같았어요.

꼼지
인스타그램 @ggomji_diary
유튜브 @RecordIntheMorning

지욱

저는 꼼지 작가님을 잘 알지만, 작가님을 모르시는 분들이 있을 수 있으니 간단한 소개 부탁드리겠습니다.

꼼지

안녕하세요. 저는 화학공학 전공을 살려 취직한 회사를 그만두고, 지방에서 홀로 문구 브랜드를 창업한 후에, 더 큰 꿈을 품고 서울로 올라온 꼼지 작가라고 합니다.

지욱

반갑습니다. 제가 작가님을 모신 이유는 작가님께서 인터뷰의 주제(기록이 과연 우리의 삶에 어떤 변화를 줄 수 있는가)와 정말 적합한 삶을 사셨기 때문입니다. 사실 기록이 유익하다는 건 누구나 다 알지만 그만큼 쉬운 일은 또 아니잖아요.

꼼지

저도 울산에 있었으면 많이 망설였을 것 같은데 서울에 오니까 갑자기 자신감이 생겨서 이렇게 나오게 됐어요.

지욱

작가님 개인적으로는 기록이라는 걸 언제 어떻게 시작하셨어요?

꿈지

저는 어렸을 때부터 종이에 무언가를 적는 행위를 좋아했어요. 완벽주의 성향이 있어서 마음에 들게 기록할 때까지 다이어리 속지를 찢어가며 기록했죠. 그때는 예쁘게 기록하는 것, 제가 정한 규칙대로 기록하는 게 중요했던 때였어요.

하지만 성인이 되고, 회사를 다니면서부터는 기록 스타일이 많이 변했어요. 어렸을 때부터 열심히 기록하긴 했지만 성인이 돼서야 진짜 나를 찾아가는 기록을 했다고 말씀드릴 수 있을 것 같아요.

지욱

그러면 성인이 된 시점의 기록들 좀 보여주실 수 있나요?

꿈지

네. 저는 문구 사업을 시작한 이후로 총 네 권의 다이어리를 사용하고 있어요. 이것들 중에서 두 권은 제 내면을 다스리기 위해 쓰고 있고, 나머지 두 권은 책을 비롯한 여러 콘텐츠를 제 것으로 흡수하기 위해 사용하고 있습니다.

지욱

과도기를 거쳐서 이렇게 네 권으로 정리가 된 거죠?

꼼지

네, 맞아요. 내면을 다스리기 위한 다이어리 중 한 권은 제 일상을 관리하는 용도로 쓰고 있어요. 그래서 제일 많이 쓰고 있죠. 3개월 분량이라 3개월치의 목표와 계획을 세우고 일정을 관리해요. 주간별로 더 자세하게 계획을 세우기도 하고요.

월간, 주간 페이지가 끝나면 두 페이지 분량의 일간 페이지가 나와요. 저는 미라클 모닝을 통해 일상을 관리하기 때문에 매일 가장 먼저 확언과 시각화로 하루를 시작해요. 이외에도 오늘 해야 하는 일과 감사 일기까지 적고, 밤에는 식단 관리와 독서까지 한 페이지에 압축 요약해서 매일을 관리하고 있습니다.

지욱

이 두 부분(확언, 시각화, 감사 일기)을 통해 마인드 컨트롤을, 그러니까 아침에 나를 이제 한 번 더 리마인드를 하시고. 그 다음에 실제적으로 진짜 내가 해야 할 일들과 한 일(독서, 식단 등)들을 그 아래에 적는 거네요.

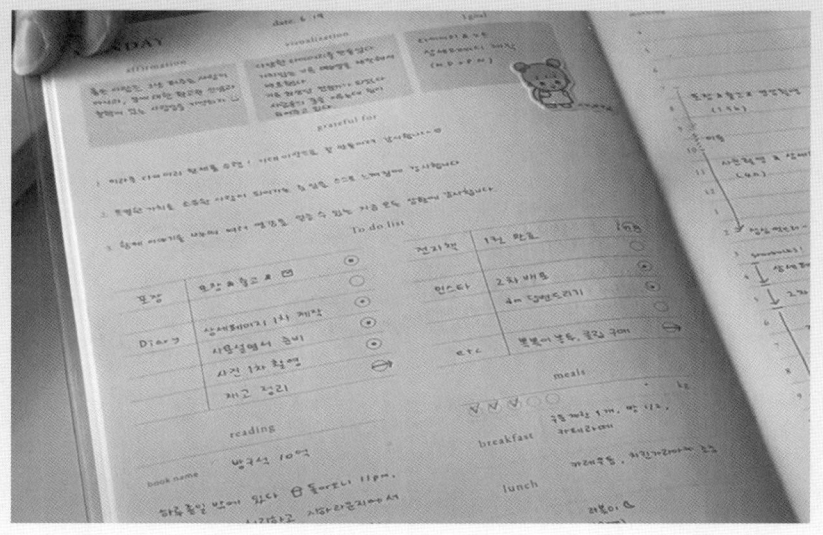

꼼지

네, 맞아요.

바로 옆에는 타임테이블(시간표)이 있어요. 제 고객분들 중에

파워 J*가 굉장히 많아서 넣어놨죠. 저는 다른 노트에서도 타임테이블을 쓰고 있기 때문에 여기에는 '시간별 감정'을 적고 있어요.

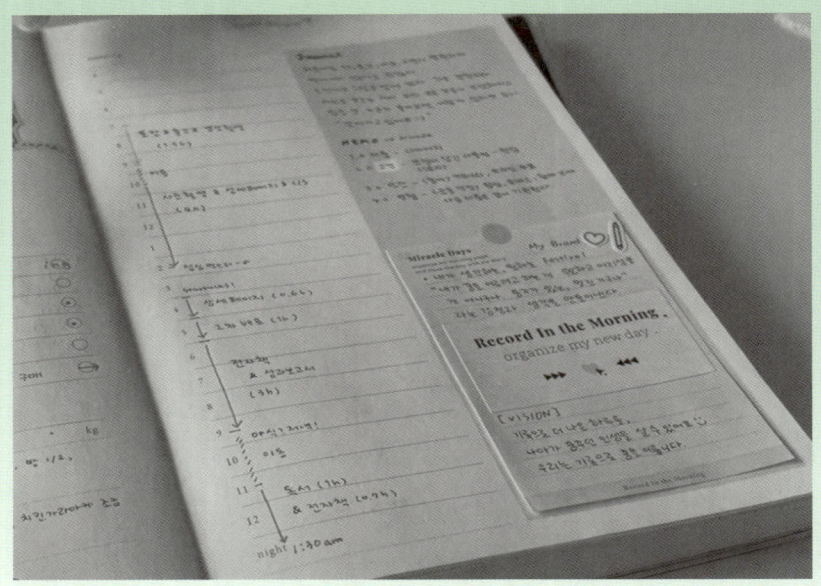

지욱

시간별 감정!

꼼지

네. 이게 꽤 괜찮더라고요. 왜냐하면 시간별로 딱 한 줄만 쓰면

---

* 성격 유형 검사 도구인 MBTI의 분류 기준 중 하나로 J는 판단형judging을 의미한다. J 유형의 사람은 체계적인 경향이 있다.

되니까 부담스럽지도 않고, 제 하루를 더 깊게 되돌아볼 수 있게 되고요. 타임테이블 바로 옆에는 감정과 관련된 추가적인 생각을 자유롭게 적기도 하거나, 메모지로 꾸며요. 이 다이어리는 없으면 안 되는 가장 소중한 다이어리입니다.

지욱
다른 다이어리도 소개해주세요.

꼼지
내면을 관리하는 또 다른 노트 한 권은 '프로젝트 노트'입니다. 제가 운영하고 있는 기록 모임에서 같이 작성하는 노트이고, 한 가지의 목표에 몰두하기 위해 작성하는 노트입니다.

우리가 보통 투두리스트에 할 일을 많이 적어두잖아요. 더욱이 저는 프리랜서라 하루가 다 제 것이기 때문에 너무 많은 걸 하고 싶어서 투두리스트에 너무 많은 걸 적는 거예요. 근데 이게 스트레스가 되고, 내가 무엇에 몰입하고 있는지도 잘 모르겠더라고요. 그래서 프로젝트 노트에 딱 한 개의 목표만 적어요. 한때 저의 목표는 인스타그램 계정을 성장시키는 거였어요. 그래서 프로젝트 노트에 인스타그램을 성장시키기 위한 내용들 위주로 적고, 하루에 몇 시간을 투자할 것인지도 적었어요.

타임테이블로 하루를 계획할 때도 투두리스트를 활용했어요. 이렇게 하면 현실적인 타임테이블을 작성할 수 있거든요. 그리고 실천으로 옮기는 거예요. 근데 또 인생이라는 게 계획대로 흘러가지 않죠.

지욱
맞아요!

꼼지
컨디션이 안 좋은 날도 있고, 그냥 계획을 못 지키는 날도 많아요. 그러면 전략 칸에 '나는 오늘 왜 못했는가?' 아니면 '어떤 카페에 갔는데 집중력이 되게 올라가더라.' 이런 식으로 하루를 돌아보죠. 이런 식으로 기록 모임 일원분들이랑 기록하고, 한 주가 지나면 목표 달성률을 퍼센트로 평가하면서 서로 피드백을 주고받습니다.

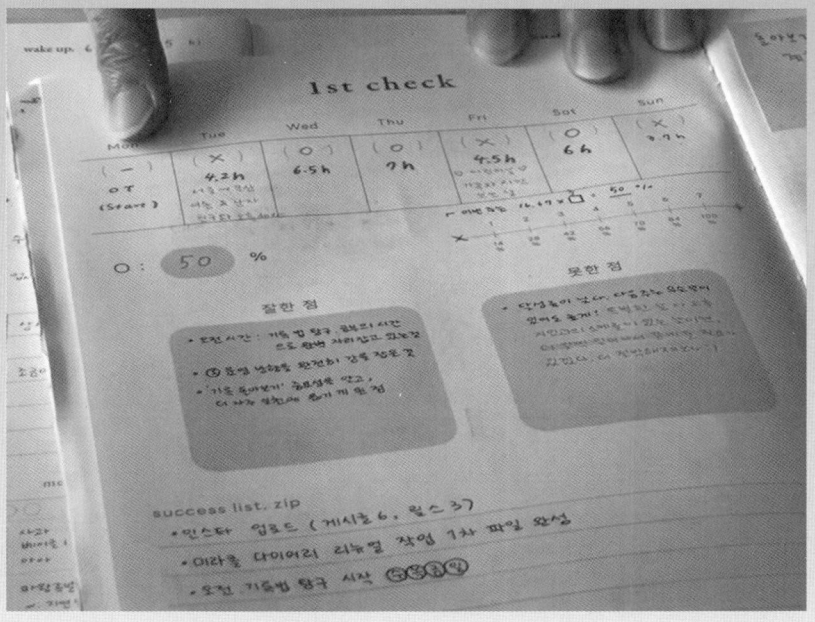

기록은 되돌아봤을 때 힘이 훨씬 크잖아요. 주간 피드백 페이지가 있으니 어쩔 수 없이 기록을 되돌아보게 돼요. 이걸 통해 스스로에 대해 정말 많이 깨닫게 돼요. 예를 들면, '내가 이번 달 목표 자체를 잘못 잡았었구나.', '이번 주 달성률은 왜 이것밖에 안 됐지?' 이런 식으로 스스로를 계속 되돌아볼 수 있어서 피드백 페이지가 있는 게 참 좋은 것 같아요.

하지만 동시에 달성률로 자신을 평가하게 될까 봐 걱정이 되긴 해요. 그럴 때는 프로젝트 노트를 썼다는 것 자체로도 충분하다고 생각해요. 그래서 기록 모임을 할 때마다 '프로젝트 다이어리가 우리를 평가하는 기준이 되면 안 된다. 그저 자신을 객관적으로 돌아보는 하나의 도구가 되어야 한다.'라고 설명하죠.

지욱
기록에 관한 꼼지 작가님만의 규칙이 있나요? 예를 들면, 쓰기 싫어질 때 내가 하는 것, 혹은 너무 많이 쓰고 싶은데 참는다든지 하는 거요.

꼼지
기록에 잡아먹히지 않으려고 저만의 규칙을 만들어 놓긴 했어요. 아까 말씀드린 것처럼 아침에 하는 기록 그리고 저녁에 하는 기록, 그 시간에만 정말 집중해서 기록을 하려고 하고, 그 중간중간에는 아무리 많이 적고 싶어도 키워드만 바로바로 적어두는 편이고요. 그리고 또 기록하기 싫어지는 날, 귀찮은 날이 있잖아요. 그런 날은 밤에 안 적어요. 아침은 무조건 적고요.

지욱
아침은 무조건 적어야 되죠.

꼼지
아침을 안 적으면 저는 하루를 살 수가 없어요. 계획이 없으면 하루를 살 수 없어서 완벽하게 쓰려고 하는 욕심은 버리되 한 줄이라도 적자고 생각해요.

지욱

사실 작가님의 삶에서 되게 중요한 전환 포인트인 창업에 대해서 안 여쭤볼 수가 없는데요. 어떻게 퇴사까지 이어지고 어떻게 창업까지 이어진 거예요?

꼼지

제가 회사를 처음 입사했을 때가 스물다섯 살이에요. 직장인은 아무래도 취미가 없으면 인생의 낙이 없잖아요. 그래서 그때 취미로 다이어리 꾸미기를 시작했어요. 그러다 스물여섯 살 때 『미라클 모닝』을 읽고 확언, 시각화, 감사 일기를 따라하기 시작했어요. 그때는 회사를 다니는 신입 때이다 보니 신입의 패기로 "나는 오늘 회사 일을 완벽하게 해낼 수 있다." 이런 식으로 적거나 대부분 회사와 관련된 일에 대해 적었죠. 그런데 기록을 계속하다 보니까 나다운 삶에 대한 욕심이 점점 커지더라고요. 당시 회사 일이 사실 저랑 안 맞았거든요. 기록을 할 때에는 내 삶에 대한 욕심이 커지는데 회사에 가면 그러지 못하는 현실을 마주하게 될 때마다 퇴사를 생각하게 되었어요.

기록을 꾸준히 하고 있었기 때문에 저에 대한 확신도 있었죠. 지난날의 기록이 저에게 '너 열심히 살고 있어. 그러니 퇴사해도 돼.'라고 말을 걸어주는 것 같았어요. 그래서 부모님께 기록의 힘을 전하는 일을 하고 싶다고 말씀 드리고 퇴사를 하게 됐습니다. 그때는 어렸을 때의 패기가 있어서 스티커 관련 사업을 하면 잘 될 거라고 생각했는데 결과는 좋지 않았어요. 그래서 다시 기록을 하며 왜 스티커가 잘 안 됐는지 돌아봤고, 그러다 템플릿에 대해 생각하기 시작했죠.

지욱

기록을 통해서 우리의 삶을 변화시키고, 꿈을 이루잖아요. 그렇다면 이 일에 있어서 기록의 핵심적인 역할은 무엇이라고 생각하세요?

꿈지

가장 처음에 내가 꿨던 꿈의 본질을 흔들리지 않고 유지할 수 있도록 도와주는 게 기록의 핵심적인 역할이라고 생각해요. 예를 들어서 꿈을 갖고 도전을 했는데 처음부터 잘 안 될 수 있잖아요. 만일 기록을 안 하면 '안 됐네, 안 되나 보다.' 하고 그냥 그만둘 수 있죠. 하지만 기록을 계속하고 있다면 실패의 원인을 분석하고 또 다른 계획을 세워서 다시 도전을 할 수 있죠.

4장

일기를 '계속' 쓰는 6가지 방법

슬럼프 이겨내기

　어릴 때 가장 좋아했던 것은 장난감 총입니다. 정확한 모델명은 기억나지 않지만 박스에 적힌 'KGB'를 보면 무슨 뜻인지도 모르면서 심장이 터질 것 같았습니다. 누가 훔쳐갈까 할머니 방 장롱 깊숙한 곳에 숨겨 놓고, 흠집이 날까 매일 닦고, 친구들과 노는 시간도 아껴가며 총과 놀았습니다. 그리고 얼마의 시간이 흐른 뒤 저는 그 총을 잃어버렸습니다. 언제 어떻게 잃어버렸는지 기억이 나질 않습니다. 그렇게 좋아했던 장난감을 어떻게 그렇게 쉽게 잃어버릴 수 있었는지 지금도 이해가 되질 않습니다.

　성인이 된 후 제 마음은 장난감 총에서 일기로 옮겨갔습니다. 고3 때 시작한 끄적임을 삼십 대까지 이어오며 일기는 저의 정체성을 이루는 중요한 부분이 되었습니다.

　그러다 폭염이 덮쳐 도시가 무기력에 빠져 있던 8월의 어느 날, 저는 매일 쓰는 이 행위에 대해 의문을 품기 시작했습니다.

　'이렇게 써서 책을 내는 것도 아니잖아?'

'멋진 문장이나 영민한 생각들이 들어있는 것도 아니잖아?'

'이게 무슨 쓸모가 있어? 괜히 비싼 노트랑 잉크만 낭비하는 거 아냐?'

'이 시간에 차라리 다른 일을 하면 더 생산적이지 않을까?'

'이런 것에 시간 낭비하느라 지금처럼 가난해진 것 아니야?'

사람들이 무기력을 피해 휴가를 떠나자 혼자 남은 무기력은 결국 제게 찾아온 것입니다. 하지만 저는 이런 무기력에 익숙합니다. 일기를 20년 넘게 쓰다 보면 자주 찾아오는 순간이기 때문입니다. 바로 '쓸모없음에 대해 반박하지 못하는 순간'. 저는 이것을 '슬럼프'라 부릅니다.

"일기를 써도 바뀌는 게 없어요."

"내 주변에 일기 오래 쓴 사람이 있는데 돈도 잘 못 벌고, 똑똑하지도 않던데?"

일기를 쓰지 않는 여러 가지 이유를 들어봤지만 제일 반박하기 어려운 부류는 바로 '생산성'파입니다. 그들은 절대 공격적으로 말하지 않습니다. (그들은 독서, 운동, 일기쓰기에 대해 대부분 같은 태도를 취합니다.) 하지만 은근한 돌려까기 기술로 생산성이 떨어진다며 공격을 시도합니다. 그들은 '한 달에 얼마를 버는 블로그 글쓰기'를 더 높게 평가할 것입니다. 왜 이렇게 확신하냐고요? 23년간 일기를 쓴 저도 그런 것에 혹해서 잠시 일기장을 팽개치고 수강 결제를 눌러 생산성파에 입단했었기 때문입니다.

생산성의 세계에서 슬럼프는 심각한 위기이며 상실의 고통입니다. 그런 고통에서 벗어나기 위해 생산성파에서는 효율이 높고, 성취감이 확실한 결과들을 얻을 수 있는 다양한 책과 강의를 제공합니다. 저는 그것들을 간간이 들으며 때마다 찾아오는 슬럼프를 극복하려 했습니다. 이번 블로그 수익화 강의는 강사님도 믿을만해 보이고 여기에 헌신하면 월에 최소 얼마를 벌 수 있을 것 같은 확신이 들었습니다. 슬럼프는 이것으로 극복될 예정이었고 사고 싶은 물건들, 멋진 집을 떠올리며 열심히 블로그 글을 쓰던 중 생전 처음으로 이런 생각이 들었습니다. '이러다 내가 좋아했던 그 총처럼 일기쓰기도 잊어버리게 되는 건 아닐까?'

병을 치료하기 위해 병에 대한 기억을 지워버리는 것은 치료가 아닌 회피입니다. 이번 여름은 다르게 접근해 보고 싶었습니다. 그래서 글쓰기에 관한 공부를 하기 위해 시중에 나와 있는 글쓰기 책들을 닥치는 대로 읽기 시작했습니다. 세상은 넓고 다양한 글쓰기 책이 있지만 제게 필요한 글쓰기 책은 별로 없었습니다. 그럼에도 많은 글쓰기 책에서 위로와 용기와 영감을 얻었습니다. 영화를 만들긴 어렵지만 영화를 보는 건 재미있듯이, 글쓰기 책은 그해 여름 가장 멋진 휴양지를 제공해 주었습니다. 하나하나 다 소개하고 싶지만 끄적거림에 도움이 되는 내용을 하나 소개해 드리려고 합니다.

"아이러니하게도 글쓰기를 심각하게 생각하지 않고 일상의 문제로 받아들인다면, 우리의 삶에서 참으로 중요하거나 심각한 문제인 자아 정체성, 삶의 가치, 인생의 방향 같은 것을 더욱 확고하게 다져갈 수 있다. 작사, 작곡을 너무 심각하게 생각한다면 우리는 평생 우리의 노래를 갖지 못할 것이다. 그러나 작사, 작곡도 조금 가벼이 여길 수 있다면 누구나 자기 노래 한 곡쯤은 지어 부를 수 있고 그것이 삶의 중요한 기쁨이 될지도 모른다. 글쓰기 또한 다르지 않다."*

 제가 읽은 글쓰기 책들의 작가는 '순수'파입니다. 그들은 생산성파의 정반대 편에 당당히 서서 토론을 벌이는 전사들입니다. 비겁하게 숨은 저와는 다르게 그들은 끔찍한 상처들을 당당하게 드러내며 '나다운 글쓰기'에 대한 아름다움과 가치를 설파합니다. 그들의 책을 통해 제가 깨달은 것은 저의 슬럼프의 원인은 '솔직하지 않았기 때문'이라는 것이었습니다. 저의 기쁨과 슬픔, 피곤함, 사소한 아름다움, 대단한 사건에 대한 인상, 감정, 생각 등을, 오직 저만이 경험한 느낌을 솔직하게 적지 않아서였고, 솔직하지 못하다는 것을 느끼기 시작하며 글쓰기와 자연스레 멀어졌던 것입니다.

 슬럼프를 겪을 당시의 기록은 이렇습니다.

2022년 7월 14일
하루 종일 일만 했다.

---

* 정지우, 『우리는 글쓰기를 너무 심각하게 생각하지』, 문예출판사, 2021, 294쪽.

무의미한 노동만 반복하는 것 같다.
창의적인 건 하나도 못 만들었다.
공허하다. 지루하다.이렇게 살다 죽으면 끝인가?

사실 슬럼프라는 단어도 생산성의 세계에서 만든 말입니다. '기대하는 결과를 내지 못하는 상태', '부진함을 보이는 상태'라는 의미의 슬럼프는 생산성의 입장에선 부정적인 상태가 맞습니다. 그러나 순수파의 세계에선 한여름에 찾아오는 폭염처럼 자연스러운 일이며 존중받아야 할 경험입니다.

제가 장난감 총을 잃어버린 이유는 그 어린 나이에도 제가 그 장난감 총의 생산성을 생각했기 때문이 아닐지 싶습니다. 총을 가지고 나가 아이들에게 자랑하고 총의 파괴력을 보여주고 싶었습니다. 하지만 동네에 가지고 나간 순간 제 것보다 더 멋지고 심지어 전동으로 자동 발사되는 장난감 총의 엄청난 화력에 주눅이 들었던 날이 기억납니다.

사실 저는 장난감 총을 좋아했던 게 아니라 장롱 속에 저만의 신비를 갖고 있다는 사실이 좋았습니다. 장난감 총이 얼마의 파괴력을 지녔든, 어떤 재질로 얼마나 비싸게 만들어진 것이든 신비와는 상관없는 일이었는데 말입니다……. 저는 저의 소중한 신비를 스스로 버린 것입니다.

절반 정도 듣던 강의를 환불받았습니다. 그리고 다시 일기를 쓰기 시작했습니다. 장난감 총에 대해, 어릴 때 한참을 앓은 뒤에 맛있게 먹었던 전복죽에 대해, 그 전복죽을 끓여주고, 장롱을 임대료도 받지 않고 기꺼이 내어주셨던 할머니에 대해, 소시지가 없어 불만이었던 할머니표 도시락에 대해 썼습니다.

가끔 슬럼프라 불리는 익숙한 무기력이 찾아올 때면 이렇게 생각합니다. '내가 모르던 내 안의 어떤 신비로움이 빛나기를 바라고 있구나……. 이번엔 그 빛이 알려주는 방향에 따라 모험을 떠나야겠다.'라고요. 꾸준히 쓰는 것이 의미 없고 하찮게 느껴진다면 당신은 무기력을 만난 것이며, 그때는 드디어 아무도 몰랐던 당신의 신비로움을 만날 귀한 순간이 도래한 것입니다. 그럴 때는 기존에 쓰던 방식을 다 버리고 다음 3가지 질문에 답해보세요.

Q. 당신이 느끼는 슬럼프는 어떤 리듬, 어떤 색, 어떤 모습을 하고 있나요? 그 슬럼프가 주로 뱉어내는 말은 뭔가요?

Q. 그 슬럼프를 꼭 '극복'해야 하나요? 그 슬럼프와 다른 방식의 관계 맺기는 불가능한가요? '협상', '동행', '대화'할 순 없나요?

Q. 당신이 겪는 무기력이 신이 의도한 것이라면, 그 신이 당신에게 보내고 싶은 메시지는 뭘까요?

당신만의 신비로움을 발견하는 방법은 그것이 찾아왔을 때 그냥 지나치지 않는 것입니다. 슬럼프, 무기력을 남들이 부르는 그 이름 그대로 두지 마세요. 우리는 그것들을 '신비로움'이라는 기회로 받아들이고 부를 수 있어야 합니다. 오늘 당신이 겪은 신비로움은 뭔가요? 그것들을 어떻게 대했나요?

좋은 일만 쓰지 않기

저는 꿈이 뚜렷한 고등학생이었습니다. 그 꿈은 바로 예술대학에 진학해 감독이 되는 것이었고 그 외에 다른 길은 생각해본 적이 없었습니다. 친구들은 그런 저를 부러워했고 제게 별다른 관심이 없던 담임 선생님은 성적이 좋지 않아서 상위권은 힘들 거라며 지방에 있는 예술대학에라도 가면 다행이라고 하셨습니다.

자신의 꿈이 뭔지도 모르고 허우적거리는 친구들에 비해, 매일 다람쥐 쳇바퀴 돌듯 사시는 담임 선생님에 비해 제가 더 나아 보였습니다. 내가 뭘 하고 싶은지 분명히 아는 게 저의 무기라고 생각했습니다. 하지만 가장 중요한 것은 몰랐습니다. 나에 대한 한 가지를 분명히 아는 것이 나머지 아홉 가지를 모른다는 것을 의미한다는 사실 말입니다.

제가 아홉 가지를 모른다는 사실을 고등학교를 졸업한 지 20년이 지난 후에야 알았습니다. 코로나19로 모든 극장이 폐쇄되고, 전 세계가 공황에 빠졌을 때 제가 아는 유일한 한 가지를 못할 수도 있다는 걸 알았습니다. 3년에 걸쳐 쓴 대본으로 리허설까지 마친 상황에서 공연은 취소되었고, 동료들은 생존을 위해 뿔뿔이 흩어졌습니다. 전 이미 소진된 제작비를 어떻게든 충당하기 위해 닥치는 대로 일을 찾았습니다. 하지만 예체능 분야의 경력으로 할 수 있는 일은 적었습니다. 구직을 몇 차례 실패하며 구직 사이트를 열심히 뒤지고 있을 때, 20년 전 담임 선생님이 하셨던 떨어진 낙엽 같은 말이 생각났습니다. "예체능 가면 취업 힘들다. 그건 알아둬."

예전에 쓴 일기를 봤습니다. 스무 살, 그렇게 꿈꾸던 예술대학에 진학했으나 정작 학교 생활에 적응하지 못하고 겉돌던 방황의 시기를 어떻게 극복했는지 보고 싶었거든요. 그때도 분명 지금처럼 힘들었고 불안했기에, 그때의 나에게 조언을 구하는 셈이었습니다. 그러나 정말 놀랍게도 당시 일기엔 힘든 내용은 전혀 없었습니다.

2003년 3월 22일 (토)
오늘은 이상하게 저번 주보다
인사도 잘 안되고 괜히 모든게 하기 싫어졌다.
학교에 적응이 돼서 그런 걸까?
아니면 새 신발 때문에 그럴까?
하여튼…… 고3 때처럼 공부에 미쳐보자.
열심히 한 번 해보자고…….
곧 즐거운 학교 생활이 펼쳐지겠지.

힘든 내용을 구체적으로 제대로 쓰지도 않았을 뿐더러, 정말 힘든 날엔 "화이팅~!"이라는 짤막한 외침만 남긴 게 전부였습니다. 저에 대한 새로운 발견 따윈 없었습니다. 즐겁기만 한 이야기를 매우 싫어하면서 일기장에는 그런 이야기만 남기고 있었던 겁니다. 도대체 왜 그랬을까요?

제가 어려움을 겪던 시기에 쓴 일기를 전부 살펴봤습니다. 안타깝게도 저란 인간은 어려운 시기를 만날 때마다 그때의 마음을 외면하기 바빴습니다. 일기장에서조차 솔직해지지 못하는 성격 탓에 제가 몰랐던 아홉 가지의 이야기를 발견할 기회를 놓치며 살았던 겁니다.

시련은 인간에게 몰랐던 아홉 가지를 발견할 기회를 줍니다. 그리고 이것을 발견의 기회로 삼을지, 아니면 자신이 알던 유일한 한 가지를 잃어버리는 상실의 기회로 삼을지는 선택의 몫입니다. 저는 이 사실을 저의 일기가 아닌 다른 사람의 일기를 통해 알게 되었습니다. 바로 수용소에서 생활했던 빅터 프랭클Viktor Frankl 박사의 회고록 『빅터 프랭클의 죽음의 수용소에서』를 통해서입니다. 제2차 세계대전 당시 나치의 폭압으로 유대인들은 강제 수용소로 보내졌습니다. 지위, 재산, 인권까지 모두 빼앗긴 채 수용소에서 생활하며 프랭클 박사는 극한의 고통과 공포 속에서 시련을 대하는 다양한 인간 군상을 보게 됩니다. 그리고 그 비극적인 사회 실험을 몸소 경험한 박사는 이런 말을 합니다.

"나는 살아 있는 인간 실험실이자 시험장이었던 강제수용소에서 어떤 사람들이 성자처럼 행동할 때, 또 다른 사람들은 돼지처럼 행동하는 것을 보았다. 사람은 내면에 두 개의 잠재력을 모두 가지고 있는데, 그중 어떤 것을 취하느냐 하는 문제는 전적으로 본인의 의지에 달려 있다."*

그동안 제 일기장에는 멋지고 반짝거리는 이야기만 등장했습니다. 부끄럽고, 두렵고, 멍청하고, 혐오스러운 또 다른 나에 대한 이야기는 적어본 적이 없었습니다. 그래서 적기 시작했습니다. 프랭클 박사의 말대로 저는 어떤 것을 선택할 힘을 가지고 있었습니다. 하지만 선택지 자체를 주지 않았기에 그 힘을 발휘할 수 없었습니다. 이제는 그 힘을 발휘하여 숨기고 싶던 것도 적어내려갔습니다. 물론 적는 내내 즐겁지 않았습니다. 화창한 날들만 가득한 로맨틱 코미디 영화에 갑자기 태풍이 몰아치고, 좀비까지 출연하니 기존 작가 입장에선 장르 파괴를 당한 셈이니까요.

"감독님, 공연하셨죠?"

아홉 가지 이야기를 적기 시작하고 4년이 흐른 뒤, 한 촬영장에서 어떤 스태프 분이 말을 걸었습니다. 공연을 접고 대학 때 배운 영상 기술로 상업 영상 작가의 길을 걷기 시작한 저는 이런저런 광고 영상을 찍으며 살아가고 있었습니다. 그날도 그런 영상을 찍는 어느

---

* 빅터 프랭클, 이시형 역, 『빅터 프랭클의 죽음의 수용소에서』, 청아출판사, 2020, 195쪽.

날 중 하루였습니다. 식기 브랜드 촬영 현장이었는데, 푸드 스타일링을 맡으신 실장님이 쉬는 시간에 말을 거신 겁니다.

"사실 저도 연영과(연극영화과) 나왔어요."

과거의 흔적을 메신저 프로필 사진에 남겨 놓은 터라 그걸 보고 저의 과거를 알아내신 듯했습니다. 실장님은 반가운 마음에 먼저 말을 걸어주셨습니다. 그리고 저는 단번에 그녀도 아홉 가지를 아는 사람이라는 걸 눈치챘습니다. 그녀는 자신이 어떻게 아홉 가지를 발견했는지 말해줬습니다. 그녀는 자신이 행복하지 않다는 느낌을 무시하지 않고, 자신이 모르는 아홉 가지 이야기를 쫓아가며 삶에 직접 뛰어드는 방법을 선택했습니다. 판소리를 했고, 연기를 했고, 꽃을 만지고, 음식을 만들다가 푸드 스타일링이라는 일까지 하게 된 것이었습니다.

"와…… 몰랐어요. 실장님…… 저는 당연히 꾸준히 푸드 스타일링 전공하신 줄 알았는데……" 얼굴이 화끈거렸습니다. 같은 예술대학을 지망하던 두 사람 중 한 명은 유일하게 아는 단 하나만 바라보며 아홉 가지 이야기는 철저히 무시하며 살아왔습니다. 그러나 다른 한 명은 자신에게 주어진 다양한 이야기를 향해 직접 뛰어들어 갖은 생채기를 겪어가며 살아냈습니다. 현재를 충만하게 살아가는 그녀를 보며 아홉 가지 이야기를 외면하며 살았던 저의 지난 과거가 너무 부끄러웠습니다.

고등학교 교무실에서 예술대학 진학 계획을 당당히 밝힌 그날,

자신의 앞날도 모른 채 해맑고 철없는 십 대에게 담임 선생님은 이런 말을 남겼습니다. "꼭 예술대학을 가야 예술을 하는 건 아니야. 대학 안 가고 예술하는 사람도 많으니까. 오히려 일반대학에 가서 다양한 경험을 하는 게 더 나을 수도 있어." 제가 우습게 보던 담임 선생님은 인생엔 한 가지 이야기만 있지 않다는 것을 이미 알고 계셨습니다. 하지만 그때의 저는 한 가지만 아는 바보였습니다. 멸시당하고 터질 줄도 모른 채 당당히 자리 잡고 있는 여드름처럼요.

화끈거리는 얼굴을 애써 감추며 실장님과의 대화를 이어나갔습니다. 그리고 이런 생각을 했습니다. '만약 내가 그때 그 작품에서 성공했다면, 다른 아홉 가지의 이야기를 발견할 수 있었을까? 아마도 나는 영원히 모른 채 거만한 할아버지가 되어 삶을 마감했을 거야. 그동안 실장님은 자신만의 이야기를 따라가며 또 다른 일을 하고 있겠지.'

수업 시작을 알리는 종이 울렸고, 상담 시간 내내 귓구멍을 막고 있는 철없는 여드름에게 지쳐버린 담임 선생님은 자포자기하듯 이런 말을 남겼습니다. "이렇게 말해도 넌 모를 거야. 직접 경험해보기 전까진."

이 말을 저는 이렇게 바꾸고 싶습니다. "당신은 모른다, 직접 적어보기 전까진." 자신에 대해 분명하게 알면 알수록 나머지는 알 수 없는 아이러니를 벗어나고 싶다면 적어야 합니다. 특히, 삶에 갑자기 엄청난 폭풍우가 내릴 때라면 더욱 그래야 합니다. 처음엔 삶에 대한 원망, 분노밖에 없을 겁니다. 고통을 적는 것 자체로 고통스러울 겁니다. 하지만 모조리 적어야 합니다. 여러분의 일기장에 시련이 적히는 순간 여러분은 외면이 아닌 직면을 하게 되며, 이를 통해 몰랐던 아홉 가지의 이야기를 알게 될 것입니다. 여러분이 어디서 태어났든, 무엇을 꿈꿨든, 어떤 일을 해왔고 앞으로는 어떤 일을 하고자 하는지에 상관없이 여러분이 갖고 있는 잠재된 이야기들을 알게 될 것입니다. 그리고 그 이야기들이 다시 삶을 살게 해줄 것입니다.

그럼 어떻게 하면 시련을 잘 적을 수 있을까요? 제 경험에서 우러난 몇 가지 방법을 알려드릴게요.

다 쏟아내기

첫 번째는 '다 쏟아내기'입니다. 어떤 사건, 누군가의 공격적인 말이나 행동 등으로 마음이 너무 괴로울 때, 노트를 펼치고 여러분이 느끼는 부정적인 감정들과 상처들, 괴로움들을 모조리 적으세요. 정말 모조리 적어야 합니다. 더 이상 할 말이 없을 정도로 와르르 쏟아내야 합니다. 그러면 마음이 한풀 꺾이는 것을 경험할 수 있습니다. 할 수 있는 모든 말을 다 쏟아내면 이상하게도 마음이 비어버린 느낌이 듭니다. 그 빈 공간을 마주하면 왠지 모를 편안함과 안도감이 듭니다. 상황에 따라 다르지만 몇 시간 혹은 며칠 뒤 그 공간에서 신기하게도 긍정적인 생각들이 자라기 시작합니다.

다 쏟아내기의 핵심은 다 쏟아낼 때까지 자신을 참아주는 것입니다. 마치 과음한 뒤 구토가 찾아올 때 다 뱉어내듯, 마음의 상처들을 끝까지 쏟아내도록 손을 쉬지 않고 놀려야합니다. 어중간하게 멈추는 순간 상처는 더 커질 뿐이니까요.

이 방법의 단점은 홀로 감당할 수 없는 큰 상처를 가진 사람이 다 쏟아내기를 할 경우 오히려 고통을 자꾸 상기하게 되는 좋지 않은 경우가 생길 수도 있는 것입니다. 이런 경우가 아니더라도 자꾸 들춰봐야 좋을 게 없는 상처를 들춰보는 것은 바람직한 쏟아내기가 아닙니다. 하지만 쏟아낼 수 있는 충분한 상태임에도 쏟아내지 않는 것은 자기 방관입니다.

시간 정해놓고 쏟아내기

두 번째는 '시간 정해놓고 쏟아내기'입니다. 일주일에 한 번, 혹은 하루 중 특정 시간에만 적는 방법입니다. 고통을 겪고 바로 쓰면 오히려 감정의 소용돌이에 빠져 더 고통스러울 수 있기 때문입니다. 첫 감정이 사그라들고 몇 시간 혹은 며칠 뒤, 한 걸음 떨어진 상태에서 그 당시의 고통을 바라보는 것입니다.

다 쏟아내기와 다르게 고통을 겪는 순간은 스스로를 보호하기 위해 건드리지 않고 있다가 한숨 돌리고 살짝 여유가 생기면 천천히 돌아보며 치유하는 전략적인 방법입니다. 이 방법은 자신의 상황과 선호에 따라 다릅니다. 스트레스가 심한 상태라면 매일매일 정해진 시간에 쏟아내며 털어줘야 하고, 그게 아니라면 한 주의 마무리 단계에서 털어내는 것이 좋습니다.

저의 경우, 안 좋은 생각이나 마음의 상처 등이 생기면 짧게 기록해놨다가 매주 일요일이 되면 다시 그것들을 살펴보면서 '이 일로 내가 어떤 상처를 받았는지?', '나는 어떤 관점으로 이 일을 바라봤는지?', '이것을 잠시 내버려 둘지, 극복할 것인지?', '극복한다면 어떻게 극복할 것인지?'에 대해 적습니다.

윙크 알아차리기

마지막으로 '윙크 알아차리기'입니다. 이 방법은 고통을 바라보는 관점을 바꾸는 방식입니다. 여러분이 시련을 만났을 때 이렇게 질문하는 겁니다. '만약 신이 있고, 그 신이 의도적으로 이런 고통을 주신 것이라면, 지금 이 고통은 어떤 메시지를 담고 있는 걸까?'

고통을 '고통'으로 보는게 아닌 '메시지'로 보는 것입니다. 즉 고통을 신이 나에게 다음 진도를 나가게 하기 위해 준 힌트이자 '신이 나에게 보내는 윙크'로 바라보는 것입니다. 이렇게 믿고 자신의 상황을 바라보면 고통이 이정표나 표지판처럼 보입니다. 정성을 다해 준비한 프로젝트가 산산이 조각나버릴 때, 좋아하는 이에게 차갑게 거절당할 때, 타인과의 관계가 원하는 대로 풀려가지 않을 때, 지원했던 곳에 떨어졌을 때 등 이 모든 것이 다 의도된 것이라 생각하면서 또 다른 길을 찾는 겁니다.

이건 마치 나를 진심으로 사랑하는 누군가가 나를 위해 나무에 걸어둔 노란 리본을 찾아다니는 것과 같습니다. 고통이 아닌 신호라 생각하면 상처를 덮기 바빴던 노트에 상처를 해부하는 기록이 적히기 시작합니다. 이 일을 통해 나는 무엇을 배웠고, 앞으로 어떻게 해야 하고, 내가 진정 원하는 것이 무엇인지 생각하게 됩니다.

힘든 일을 떠올리는 것조차 힘들다는 사람들이 있습니다. 제가 그랬습니다. 힘든 부분을 철저히 외면하면서 나의 밝은 면, 내가 아는 면, 내가 멋져 보이는 면만 적어왔던 사람이 저입니다. 그래서 여러분의 고통을 종이에 옮기지 못하는 마음을 십분 이해합니다. 하지만 다른 한편으론 그 힘듦을 적지 못하는 마음이 애처롭습니다. 어금니를 깨물고, 펜을 악착같이 쥐고 조금만 쓴다면 자신에 대해 몰랐던 아홉 가지 이야기를 발견할 수 있기 때문입니다.

저의 꿈은 이제 명확하지 않습니다. 어떻게 보면 여전히 고등학교 상담실에 머물러 있는 상태입니다. 하지만 제가 아는 분명한 한 가지 사실은 삶이 내게 고통을 줄 때 그것을 해석하는 유일한 방법은 고통을 그대로 적는 것뿐이라는 겁니다. 그 문장들이 안내하는 곳을 따라가다 보면 몰랐던 아홉 가지의 이야기가 있는 곳에 도착할 수 있습니다.

자, 이제 여러분에게 조심스럽게 펜을 내밀어보겠습니다. 여러분은 지금 시련, 고통, 두려움, 불안 따위와 가까운 상태에 있나요? 그렇다면 일기장을 펼치고 고통이 추는 요상한 춤, 고통이 뱉어내는 저속한 말, 우리의 쪼잔함과 안일함 등을 외면하지 말고 있는 그대로 적어보세요. 어려움을 해결하는 방법은 폭식이나 폭음이 아닌, 눈물로 얼룩진 얼굴을 들어 어려움을 직면하고 손으로 직접 어려움을 적는 것입니다.

일기장 숨기기

 일기쓰기의 가장 큰 적은 뭘까요? 일기쓰기를 전파하며 제가 예상했던 반론은 '시간이 없다.', '그거 써서 뭐 하냐?' 등이었습니다. 하지만 의외로 가장 많이 들은 말은 "누가 볼까 봐 못 쓰겠어요……."였습니다. 그리고 뒤이어 어릴 때 누군가 자신의 일기를 훔쳐보고 일기의 내용으로 인해 놀림을 당한 경험을 덧붙입니다. 가해자는 주로 가족인 경우가 많습니다. 숨겨놓은 일기장을 귀신같이 찾아내 그곳에 써놓은 철없는 말들을 진심이라 여기며 일기의 작가를 매섭게 몰아붙이는 폭력을 가합니다. 피해자가 그 사건을 짜증나는 일로 치부하면 다행이지만 상처로 느끼는 순간, 그 사람은 평생 기록의 세계를 떠나버립니다. 천재적 재능을 지닌 피아니스트가 가족의 놀림과 조롱으로 음악계를 떠나는 것만큼 안타까운 일입니다. 이런 안타까운 일을 막고자 일기를 숨기는 가장 신박한 12가지 방법을 소개합니다.

 돌아오세요, 천재들이여! 위대한 예비 작가들이이여!

1. 몸에 붙이고 다니기

가장 안전한 것은 항상 자신의 몸에 붙이고 있는 것입니다. 마치 스마트폰을 들고 다니듯 언제나 들고 다니는 겁니다. 그러려면 얇고 가벼운 노트를 사용해야 합니다. 24시간 옆에 붙어 있으므로 누군가 훔쳐볼 틈이 없습니다. 참 안전합니다.

두 가지 단점이 있습니다. 첫째는 기록이 어느 정도 쌓이기 시작하면 예전 노트는 다른 곳에 숨겨야 한다는 겁니다. 둘째는 열심히 노트만 챙기면 폰을 잃어버릴 수 있다는 점입니다. 그래도 누가 보는 것보다는 이게 낫지 않을까요?

2. 크기를 줄여버리기

앞의 방법에 연장된 아이디어입니다. 바로 손보다 작은 사이즈의 노트를 쓰는 겁니다. 신용카드 크기 정도의 노트로 지갑이나 안쪽 주머니에 숨겨 다닐 수 있습니다. 냉전 시대의 첩보원처럼 은밀하게 숨겨 가지고 다니면 절대 들킬 일이 없습니다. 덤으로 비밀이 생기는 경험을 통해 일상에서 신비로움을 느낄 수 있습니다.

이것도 단점은 있습니다. 노트가 작아서 평소 글씨 크기로 쓰면 하루 만에 한 권을 다 쓰는 경우도 있고, 노트에 맞춰 깨알같이 쓰면 다시 볼 때 자신이 쓴 내용을 못 알아볼 수 있습니다. 그래도 누가 보는 것보다는 이게 낫지 않을까요?

3. 공부노트로 위장하기

누가 봐도 복잡하고 어지러운 수학 공식이 쓰여 있을 법한 공부 노트로 일기장을 만들어 봅시다. 이런 노트는 주로 스프링 제본 형태의 저렴하고 단순해 보이는 노트입니다. 여러 권을 산 뒤에 정말 공부 노트로도 쓰고 일기로도 쓰는 겁니다. 너무 불안하다면 노트 한 권을 진짜 공부노트로 쓰고 중간 페이지마다 일기를 써놓는 것도 방법입니다. 마치 핵심 내용을 요약정리한 것처럼 보이게 만들어 누군가 보더라도 일기인지 모르도록 복잡한 페이지 한 켠, 여러 포스트잇 중에 나만의 은밀한 기록을 적어 붙여보세요.

이 방법의 단점은 질이 좋지 않아 내구성이 약한 노트에 일기를 써야해서 불편하다는 점, 자칫 일기가 아닌 공부하는 느낌을 받을 수 있다는 점, 나만의 표식이나 분류법이 없으면 과거의 일기를 못 찾을 수도 있다는 점입니다. 그래도 누가 보는 것보다는 이게 낫지 않을까요?

4. 책 표지 씌우기

나는 죽어도 질 좋은 노트를 쓰고 싶다는 분에겐 표지 위장술을 추천합니다. 노트에 비슷한 크기의 책 표지를 씌워 책장에 꽂아 놓는 겁니다. 단, 표지를 잘 골라야 합니다. 누가 봐도 꺼내보고 싶지 않은 책 표지여야 합니다. 수학이나 자연과학, 인문철학 등의 책 표지면 어떨까 싶습니다.

물론 단점이 있습니다. 표지 작업이 생각보다 쉽지 않다는 점, 나 조차도 내 일기장이 싫어질 수 있다는 점입니다. 그래도 누가 보는 것보다 이게 낫지 않을까요?

5. 버리는 책 위에 다시 쓰기

표지 작업하는 시간이 너무 아깝다고 느낄 수 있습니다. 그런 분들에게 위장술의 최고경지를 알려드릴게요. 그건 바로 버리는 책에 일기를 쓰는 것입니다. 일기장 자체를 만들지 않아도 되고, 종이 질도 좋고, 어설픈 표지 작업을 할 필요도 없습니다!

물론 자신이 쓴 내용을 못 알아볼 수 있다는 단점이 있습니다. 그래도 누가 보는 것보다 이게 낫지 않을까요?

6. 숨기기

사이즈를 줄이지 않으면서, 좀 더 안전하고, 다시 볼 때도 알아볼 수 있는 일기를 쓰고 싶은 분들을 위해 일기를 숨기기 좋은 장소들을 소개합니다. 매트리스 밑, 의자 밑, 책상 밑, 서랍장 위, 냉장고 위, 냉장고 아래, 책장 뒤, 방석 밑, 베개 속, 끈으로 묶어 창문 밖에 걸어놓기……. 이쯤 되면 '내가 무슨 범죄자도 아니고 내 일기를 이렇게까지 숨겨야 하나' 싶을 수도 있습니다. 그렇다면 정면 돌파를 추천합니다.

7. 파워자세로 말하기

적당히 다리를 벌리고, 팔은 허리에 놓고 마치 히어로처럼 취하는 자세를 파워자세라고 합니다. 이 자세는 본인에게 용기를 주고 상대방을 주눅들게 한다는 이론이 있습니다. 이 자세를 취한 뒤에 이렇게 외쳐보세요! "내 일기를 훔쳐볼 생각은 추호도 하지 마시라! 혹시나 볼 경우 무시무시한 복수가 기다리고 있을 것이다!" 잘 알겠지만 상대를 봐가면서 하세요.

8. 편지 남기기

적을 적으로 두면 위험하지만, 내 편으로 만들면 더욱 강력해집니다. 내 일기의 보안을 위협하는 그 분에게 편지를 써보는 것은 어떨까요? 노트 첫 페이지에 편지를 써놓거나 혹은 편지 한 장을 꽂아 놓는 겁니다. 참고로 편지의 내용은 이렇게 써보면 어떨까요?

나의 작은 세상을 엿보기 위해 방문한 당신에게

안녕하세요. 제 동선을 전부 파악한 뒤 치밀한 계산 끝에 드디어 제 노트를 훔쳐볼 절호의 타이밍을 잡으신 걸 축하드려요. 당신은 절대 들키지 않을거라는 확신에 이 노트를 펼쳤겠지만 전 이미 당신의 존재를 눈치채고 이렇게 편지를 남겨 놓았답니다.

물론 누군가는 표현의 자유를 지켜주지 않은 당신의 행동에 화를 엄청 내겠지만, 전 당신의 이런 행동 자체가 저에 대한 깊은 애정에서 비롯되었음을 알기에 화가 나진 않습니다.

그러나 우리의 건강한 관계를 위해 당신이 깜찍한 염탐을 시작하기 전, 세 가지 조언을 드리겠습니다.

당신이 이 노트를 궁금해하는 이유는 당신에게 말하지 않은 숨겨진 제 이면을 찾고 싶기 때문일 것입니다. 하지만 이 노트 안에 펼쳐진 제 생각들은 다 당신이 알고 있는 것들입니다. 열심히 읽어주시는 것은 감사하나 당신의 귀한 시간을 낭비하게 될 거예요.

차마 누군가에게 못했던 시시콜콜한 것들을 담아 놓는 이 노트는 제 일상에 활력을 줍니다. 하지만 이 활력은 아무도 보지 않는다는 전제 조건 하에서만 가능한 것들 입니다. 당신이 염탐을 시작하는 순간 저는 활력을 잃고 우울한 상태에 빠질 수도 있어요. 결국 당신에게도 안 좋은 영향을 미칠 수 있습니다.

당신의 애정 못지 않게 저 또한 당신에 대한 애정을 가지고 있어요. 만약 당신의 염탐을 여기서 멈추지 않는다면 전 당신에 대한 신뢰를 잃게 될 거예요. 저에 대한 당신의 애정과 관심은 정말 소중히 간직하겠습니다. 부디 우리가 쌓아온 그 귀한 신뢰를 무너뜨리지 않길 바랍니다.

사랑과 애정을 담아 나의 귀여운 염탐꾼에게 노트 주인 드림

P.S. 이번 기회에 저처럼 당신만의 노트를 만들어 일기를 써보시면

어떠세요? 어떻게 시작해야 할지 어렵다면 제가 도와드릴 테니 교환일기를 써보면 어떨까요? 당신의 의견을 이 아래에 남겨주세요. 혹시 누가 볼까 봐 두렵다면 걱정 마세요. 우리 둘만의 일기를 아주 안전하게 보관할 수 있는 방법을 12가지나 알고 있으니까요.

이렇게 다양한 방법들을 소개하며 입문자들의 두려움을 완화해주고 뿌듯함에 젖어있던 어느 날, 지긋지긋한 그 얘기를 또 들었습니다. "팔로워들이 제 노트를 보는 게 좀 그래서요······." 앞서 얘기한 방법들을 소개하고 싶었지만 그럴 순 없었습니다. 이 말을 한 사람은 나름 기록을 10년 넘게 했고, 지금도 열심히 하는 '기록 크리에이터'였기 때문입니다. 오랫동안 써온 사람들조차 노출되는 것에 대해 공포를 느끼는 이 치명적인 문제는 과연 어떻게 해결할 수 있을까요?

그것에 대한 답을 스위스의 예술가 하이디 부허 Heidi Bucher의 회고전「하이디 부허: 공간은 피막, 피부」에서 찾았습니다. 그녀는 자신이 탐구한 주제를 다양한 작품으로 남겼습니다. 저는 그녀의 작품 중 실제 집의 모든 면에 특수작업한 천을 붙여 본을 뜨고, 껍데기를 벗겨내듯 천을 벗겨내고 그 천을 전시한 작품이 가장 인상적이었습니다. 마치 집이라는 벌레가 벗어놓은 허물 같은 작품을 관람하며 갑자기 이런 생각이 들었습니다. 일기는 허물이구나!

애벌레가 나비가 되기 위해 반드시 거치는 그 과정, 그 과정에서 불가피하게 생기는 허물. 허물은 애벌레도 나비도 아닌 단지 흔적입니다. 누구도 어떤 허물을 보며 '저건 애벌레다!', '저건 나비다!'라고 생각하지 않습니다. 그저 어떤 생명체가 이곳에서 껍질을 벗고 다른 존재가 되었음을 알 뿐입니다. (곤충학자가 아닌 이상) 처음에 어떤 생명이었는지 이후 어떤 생명이 되었는지조차 모릅니다. 그저 흔적을 통해 유추할 뿐입니다.

일기도 마찬가지입니다. 우리가 과거에 어떤 말, 생각, 어떤 찌질함을 적어놨더라도 지금의 나는 과거 속 그 문장의 내가 아닙니다. 노트가 쌓여간다는 것은 허물을 여러 번 벗었다는 것, 단지 그 뿐입니다. 다른 존재가 되어가는 과정, 아주 미약하더라도 조금은 나은 존재가 되기 위해 노력하는 과정, 그 과정 자체를 보여주는 껍데기, 종이 쪼가리, 노트 뭉치일 뿐입니다.

하지만 일기를 훔쳐보는 사람, 일기 쓸 엄두를 못 내는 사람, 한창 기록 중인 사람 모두 '일기=나'라는 생각을 갖고 있습니다. 껍데기를 보며 그것이 그 사람의 전부인 양 그 사람을 평가하는 것은 큰 오산입니다. 누군가 내가 옛날에 쓴 일기를 가지고 토를 달면 이렇게 말해야 합니다. "그때는 맞고, 지금은 틀리다. 왜냐하면 나는 변했기 때문이다."

안타깝지만 제가 이렇게 목이 쉬도록 말하는 것만으로는 거부감 없이 온전히 받아들이실 분이 별로 없을 겁니다. 이것은 너무 뿌리 깊이 박힌 생각이기 때문입니다……. 그래서 저는 첫 수업 때 항상 일기장을 한 묶음 가져와 사람들에게 보여줍니다. 우울하고, 치졸하고, 게

으르고, 낯부끄럽고 은밀한 내용들이 가득한 일기장을 테이블에 쏟아 놓습니다.

"봐도 되나요……?"

용감한 한 명이 질문합니다. 그리고 저는 보여드리려고 가져왔다고, 마음껏 보시라고 말합니다. 처음엔 표지와 앞장만 펼쳐보던 손들이 채 5분도 안 되어 깊숙한 페이지까지 들어갑니다. 눈앞에서 여러 명이 페이지를 착착 넘기며 노트를 보는 광경을 지켜보며 작은 목소리로 첨언합니다.

"마음껏 보세요. 좋은 내용보다는 부끄러운 내용이 더 많을 겁니다. 사실 기억도 잘 안 나서 얼마나 부끄러울지 모르겠네요. 보기 민망한 내용들을 보시더라도 너그럽게 넘어가주세요. 그때의 저는 지금의 저와 다른 사람이니까요. 대단하지 않은 일기를 여러분들에게 보여드리는 이유는 제 일기를 남에게 보여줘도 지구가 멸망하지 않는다는 걸 알려드리고 싶어서입니다."

어느 정도 시간이 흐르면 제가 경험한 하이디 부허의 전시와 그 속에서 발견한 허물에 대한 생각을 꺼냅니다. 누군가는 뒤통수를 얻어맞은 표정이고, 누군가는 의아하게 쳐다보고, 누군가는 무엇을 생각하는지 전혀 알 수 없습니다. 그럼에도 모두 고개는 끄덕여 줍니다. 아직 어색할 뿐 제 말이 헛소리는 아니라고 말해주는 듯합니다.

나만의 필기구 찾기

제가 처음으로 잃어버린 만년필은 라미LAMY에서 만든 '알스타(화이트실버 색상)'입니다. 책에는 관심도 없으면서 똑똑해 보이는 것에만 관심이 많았던 20대 초반의 어느 날, 갑자기 이 비싼 만년필을 샀습니다. 가방에 가죽 노트 한 권과 은빛 만년필을 넣고 있으면 아이큐가 50 정도는 올라간 느낌이었습니다. 게다가 필기감은 어찌나 좋던지요. 펜촉이 종이에 닿아 사각거리는 소리는 연인이 귀에 속삭이는 달콤한 고백 같았고, 얇으면서도 진하게 써지는 글씨체는 아름다운 긴 생머리 같았습니다. 이렇게 시작된, 순탄하게 진행될 것만 같았던 알스타와의 비밀연애는 똑같은 은빛 만년필을 만나며 깨졌습니다.

가방에서 짐을 꺼내다 실수로 떨어뜨린 그 녀석(알스타)을 낯선 이가 주워줬습니다. 떨어뜨려서 생긴 흠집 때문에 속상한 마음보다 낯선 이가 나를 보는 묘한 눈빛이 더 마음에 안 들었습니다. 마치 저를 아주 잘 알고 있다는 듯 웃으며 저의 만년필을 건네준 그 사람은 자신의 가방에서 자신의 은빛 애인을 꺼내 보였습니다. 그 사람이 저보다 이십 년 정도 더 살아온 것처럼, 그 사람의 만년필에는 제 것보다 더 많은 세월이 깃든 듯했지만 분명 같은 은빛 만년필이었습니다. 저의 비밀연애가 누구나 하는 흔하디 흔한 연애라는 걸 깨닫고 며칠 뒤에 만년필을 잃어버렸습니다. 마음이 아프긴커녕 언제 어떻게 잃어버렸는지 모를 정도로 무심해져버린 상태라 오히려 후련했습니다.

두 번째 만년필은 독일의 어느 백화점에서 산 라미의 '2000 마크롤론'입니다. 여행이 아닌 일 때문에 갔던 독일에서의 짧은 여정의 마지막 날, 허전한 마음을 어떻게라도 채우기 위해 돌아다니다 더위를 피해 들어간 백화점에서 충동적으로 만년필을 샀습니다. 그 당시 백화점의 풍경이 아직도 기억납니다. 할인 행사 때문에 중국인 관광객 수십 명이 매장을 점령했고, 저는 그들과 같은 부류가 아닌 것처럼 보이기 위해 노력했습니다. 그리고 돈이 없었으면서도 비싼 만년필을 꼭 사고 싶어했다는 것도요.

그날 이후 10년 정도 세월이 흘렀지만 이 만년필은 아직 제 곁에 있습니다. 잃어버릴까 봐 잘 챙겨서 그런 게 아니라 잘 안 썼기 때문입니다. 그립감, 필기감, 디자인 어느 것 하나 빠짐없이 좋은 만년필이지만 처음 샀을 때 같이 산 잉크를 아직도 쓰고 있을 정도로 사용 횟수가 적습니다. 이 멋진 친구를 쓰면 쓸수록 손은 만족스럽지만 마음은 불편했습니다. 직접 산 물건인데도 이걸 쓸 자격이 있는지 묻게 되고, 이 만년필로 낙서라도 하는 날엔 지옥으로 떨어질 것 같은 부담감이 피어올랐습니다. 결국 만년필이라는 물건은 나와는 맞지 않는다는 결론을 내린 후 서랍 깊숙이 넣어두었습니다. 그리곤 부담 없이 사용할 수 있는 저렴한 볼펜들을 잡기 시작했습니다.

세 번째 만년필은 선물 받은 (마찬가지로 라미의) 사파리 레드였습니다. 눈에 띄는 것을 극도로 싫어하는 제가 이 만년필을 선물 받은 것은 아이러니였습니다. 하지만 갑자기 받은 선물이라는 점과 만년필에 대한 어떤 감정도 없던 상태라 편하게 가지고 다녔습니다. 너무 편했는지 일주일 만에 잃어버렸죠. 분주하고 정신없는 상황에서 누군가가 펜을 빌려달라고 했고, 절대 해서는 안 되는 짓을 해버렸으니 결과는 당연했습니다. 선물 받은 만년필이라 속상하긴 했지만 한편으론 만년필에 대한 어떤 무거운 마음을 내려놓는 것 같아 편하기도 했습니다. 이로써 만년필과의 인연은 완전히 끝났다고 생각했습니다.

몇 년이 흐른 뒤 18년 전 은빛 만년필을 샀던 광화문 교보문고 라미 매장에서 네 번째 만년필을 샀습니다. '테라 레드'라고 부르는 이 녀석은 무광의 은은한 빛깔에 검은색과 주황색이 절묘하게 어우러지는 만년필입니다. 충동구매를 하지 않기 위해 노력했지만 그놈의 연말 감성과 20퍼센트 할인 때문에 2만 8천 원을 주고 덥석 사버렸습니다. 위안을 삼은 것은 제가 샀던 만년필 중 가장 저렴한 모델이라는 점이었습니다.

 몇 년 만에 다시 잡는 만년필이라 어색했지만 곧 손이 그 느낌을 기억해냈습니다. 사각거리는 소리와 다소 뻑뻑하지만 힘차게 뻗어나가는 필기감……. '그렇다. 만년필이다.' 서랍에서 잠든 귀하신 분을 오랜만에 꺼냈습니다. 비싼 녀석답게 물 흐르듯 부드럽고 편하게 써졌습니다. 그에 비하면 새로 산 테라 레드는 거칠고 뻑뻑하고 가볍기 그지없었습니다. 더 좋은 걸 두고 테라를 괜히 샀나 싶었지만 곧 익숙한 불편함이 올라왔습니다. '그러면 그렇지.'

 귀하신 분의 뚜껑을 고이 닫아 다시 침소로 고이 보내드렸습니다. 그리곤 새로 산 테라 레드를 둘러보며 생각했습니다. '나는 왜 불편하고, 거칠고, 연약한 이 만년필을 쓸 때 마음이 더 편해지는 걸까? 다이소에는 천 원짜리 만년필도 있다는데 그걸 쓰면 마음이 더 편해질까? 애초에 만년필을 안 썼다면 모든 게 괜찮았을까?'

 테라 레드를 쓴 3년간 많은 변화가 일어났습니다. 왜 그랬는지 모르겠지만, 제대로 관찰한 적 없는 저의 기록생활에 관심을 갖기 시작했고, 기록법에 빠져들어 다양한 기록법을 직접 실험했습니다. 그리고 유튜브를 시작했고, 기록 유튜버로서 나름의 성취를 이뤘습니다.

 가장 최근 산 다섯번째 만년필은 라미가 아닌 세일러SAILOR의 '프로기어 슬림'입니다. 유튜브를 시작하며 많은 관심을 받게 되었고, 특히 문구 브랜드들과 협업하는 기회가 생겼습니다. 그중에 우리나라를 대표하는 만년필 전문 매장인 베스트펜에서 만년필 관련 영상을 찍다가 너무 좋은 필기감에 반해 (또) 충동적으로 사버렸습니다. 서랍에 고이 모셔놓은 비싼 만년필은 기억 저편으로 사라지고, 3년간 일편단심으로 나를 사랑해준 테라 레드의 정성은 매몰차게 외면하고, 투명한 몸통이 영롱하게 빛나는 매력적인 녀석에게 저의 노트를 내어주었습니다. 프로라는 이름답게 가격도 비쌌습니다. 하지만 기록을 전도하는 저도 어찌 보면 프로이고, 좋은 필기구를 사용하는 모습을 카메라에 담으면 더 많은 사람들이 자극을 받아 일기를 쓰지 않을까 합리화를 하며 사버렸습니다.

프로기어 슬림을 사고 일주일 후, 자주 가는 카페 창가에서 노트를 펼치는 순간 다시 부담감이 피어올랐습니다. 뭔가 엄청나고 대단한, 열정적이고 뛰어난 문장을 써야 할 것 같은 기분이 들고, 낙서나 장보기 목록 따위를 쓰면 천벌을 받을 것 같았습니다.

'서랍 속 그 녀석 곁으로 보내야 하는 건가……' 멍청한 짓을 반복하는 자신이 짜증났습니다. 돈은 돈대로 쓰고, 제대로 쓰지도 못하는 스스로를 한심해 하며 프로기어 슬림을 가방에 넣는 순간 바닥에 떨어트렸습니다. 만년필이 제대로 떨어지는 소리가 들리기도 전에 뚜껑이 깨지며 클립을 잡아주는 뚜껑 윗 부분은 옆 테이블까지 달아났습니다.

"어머, 어떡해……. 그거 만년필 아니에요? 비싸 보이는데……."

달아난 부품을 이름 모를 아주머니가 주워주며 매우 공감 넘치는 말투로 대신 안타까워해주셨습니다. 감사를 전하고, 쿨한 척하며 자리로 돌아와 펜촉을 확인해 보니 뚜껑은 두 동강이 났지만, 펜촉은 멀쩡했습니다. 하지만 밀폐가 안 되는 상태라 이대로 두면 잉크가 굳어 버려 만년필로서의 기능은 한 시간 내로 상실할 상황이었습니다.

가방에 있던 청테이프를 꺼내 깨진 펜 뚜껑을 칭칭 감았습니다. 다른 일로 필요해서 챙겼지만 쓰지 않은 청테이프를 운명의 장난처럼 만년필 뚜껑을 복원하는 데 썼습니다. 영롱하고 고급스러운 모습은 사라지고 길바닥에 있어도 아무도 줍지 않을 것 같은 괴상한 모습으로 변했습니다. 그런데 뭔가 이상했습니다. 짜증이 나긴커녕 마음이 한결 편해졌습니다. 물건을 깔끔하게 쓰는 것을 너무 좋아해서 물건을 포장한 비닐도 잘 안 떼는 저인데, 왜 청테이프가 덕지덕지 붙어버린 만년필을 보면서 마음이 더 편해졌을까요?

"본사에 문의해봤는데 뚜껑만 90,000원이래요. ㅠ.ㅠ. 속상하시겠어요."

매장 직원분이 안타까워하며 답장을 보냈습니다. 그렇습니다. 저는 속상해야 합니다. 20만 원이 넘는 만년필을 일주일 만에 이 모양으로 만들었는데 속이 상해야 마땅했죠. 그런데 이번엔 웃음이 나왔습니다. 오히려 괴상해진 만년필이 갑자기 사랑스러워지기 시작했습니다.

뚜껑 사고부터 청테이프 수습, 매장 문의 후 답장을 받는 데까지 모두 30분 안에 일어난 일입니다. 그후 저는 이 펜으로 세 시간 넘게 글을 썼습니다. 그것도 굉장히 몰입해서 신나게……. 손이 아파서 멈추고 나서야 왜 제가 이렇게 몰입해서 썼는지에 대해 생각하다 갑자기 흉터라는 단어가 떠올랐습니다.

실종된 사람을 찾을 때 빼놓지 않고 얘기하는 것은 '흉터'입니다. 흉터는 고유한 흔적입니다. 아무리 좋은 만년필도 진짜 내 것이 되려면 나만의 흉터가 있어야 합니다. 그 전에는 남들이 쓰는 것들 중 하나를 가진 것일 뿐입니다. 자신의 제품에 흉터를 낼 수 없는 기업은 흉터처럼 보이지 않도록 고급스러운 각인을 새기거나 판매 수량을 제한해 판매합니다. 하지만 이것들은 모두 흉터를 흉내 낸 것일 뿐 진짜 흉터는 아닙니다.

앞서 만난 네 자루의 만년필에는 흉터가 없었습니다. 제게 있어 만년필은 헛된 욕망을 채워주는 도구일 뿐이었습니다. 하지만 저는 욕망으로만 구성된 존재가 아닙니다. 저는 저만의 삶을 살고 있는 하나의 생명이고, 생명은 반드시 시련을 겪고 그 과정에서 상처를 얻으며, 상처는 흉터로 남습니다. 그리고 그 흉터는 오직 저만이 가질 수 있는 유일한 흔적입니다.

노트의 입장에선 우리가 매일 쓰는 문장들은 노트에 상처를 내는 것입니다. 날카로운 펜촉으로 연약한 종이에 여러가지를 새기며 흉터를 남깁니다. 잔인하게 들리지만 그런 흉터가 많은 노트일수록 나만의 노트가 됩니다. 흉터를 안 남기면 그 노트는 단지 제품명으로 불릴 뿐 '전지욱의 노트'는 될 수 없습니다.

그날 저녁, 임시로 붙인 청테이프를 다시 뜯었습니다. 집으로 돌아오는 길에 사온 독일제 강력 접착제로 뚜껑의 깨진 부분을 붙이고 흰색 반창고 테이프를 감아주었습니다. 이렇게 해놓고 보니 머리에 붕대를 감은 환자 같았습니다.

좋은 물건을 깔끔하게 사용한다 해도 나의 부끄러움과 부족함, 노화로 인한 주름은 감출 수 없습니다. 완벽하게 사는 법을 모르고 알더라도 그렇게는 살지 못할 것임을 압니다. 많은 실패와 상처와 부족함을 가진 존재이고 그것은 흉터로 제 마음과 몸 그리고 노트 이곳저곳에 남아있습니다. 그리고 이 만년필에도 흉터가 생겼습니다. 이제 이 만년필은 유일한 만년필이 되었으며, 저는 이 녀석과 평생 가게 될 것임을 알고, 누군가 훔쳐가진 않을 것 같아 안도했고, 덜렁거리는 제가 잃어버리게 될까 걱정되었습니다. 세상에서 유일한 이 만년필이 소중해졌습니다.

자, 여러분의 노트를 펼치고 여러분이 숨기고 싶었던 부분, 부끄럽다고 생각했던 것들, 흉터라고 생각했던 것들을 적어보세요. 처음엔 아플 수 있지만 시간이 지나면 그것은 여러분만의 고유한 흔적이 됩니다. 시간이 더 지나면 그 흔적은 여러분이 나아갈 방향을 알려주는 등대가 됩니다. 그러니 여러분의 흉터를 부끄러워하거나 두려워 마세요.

알맞은 시간에 쓰기

"언제 써야 해요?"
이 질문은 마치 이렇게 물어보는 것과 같습니다.
"언제 태어나야 해요?"

효율성을 추구하는 이들은 이렇게 물어봅니다.
"아침엔 긍정 확언을 쓰는 게 좋을까요? 감사 일기를 쓰는 게 좋을까요? 모닝 페이지를 쓸까요?"
이 질문은 마치 이렇게 물어보는 것과 같습니다.
"아침에 새소리를 들을까요? 재즈를 들을까요? 클래식을 들을까요?"

일기쓰기에 가장 좋은 시간은 언제일까요? 왜 우리는 가장 좋은 시간대를 찾는 걸까요? 알맞은 타이밍에 적합한 행동을 하는 것에 대한 내재된 본능이라도 있는 것처럼 우린 적절한 시간을 묻습니다.

그 대표적인 사례가 바로 저입니다. 학창 시절엔 늦은 밤 스탠드 불빛 아래에서 끄적이는 것이 좋았습니다. 대학을 간 뒤엔 맥주 한 캔이 추가되었고, 사회인이 된 후에는 밤에 쓰는 것이 피곤해 오전으로 옮겼습니다.

이렇게 아침과 밤을 오가며 발견한 모순이 있습니다. 오전은 머리는 맑은데 떠오르는 게 별로 없고, 저녁은 쓸 거리가 많은데 몸이 피곤해 쓰기 힘들다는 것입니다. 그래서 중용의 미를 발휘해 낮에 시도해 봤는데 낮에는 틈이 잘 나지 않았어요. 틈이 생겨도 핸드폰을 보느라 노트를 펼치는 것조차 쉽지 않았습니다. 더 잘 쓰고 싶은데 비슷한 내용과 구조가 반복되니 일기쓰는 게 지루하고 재미가 없었습니다. 그렇게 지루한 상태를 삼십 대 초반까지 끌고 갔습니다.

지루함이 지루해질 때쯤 새로운 방식을 시도했습니다. 그건 바로 '틈날 때마다 쓰기'입니다. 아침에 한두 줄, 점심 먹고 커피 마시며 한두 줄, 자기 전에 한두 줄. 이런 식으로 틈새마다 스마트폰 대신 끄적거림으로 채우기 시작했습니다. 그렇게 틈을 채우며 발견한 것이 있습니다. 그건 바로 시간에도 향기가 있다는 것입니다.

아침

아침을 살펴봅시다. 하루를 시작하기 전 아직 풀리지 않은 어제의 피로와 오늘 하루를 잘 시작하고 싶은 소망이, 잠을 자던 과거로 돌아가고 싶은 충동과 미래로 나아가고 싶은 열망이 섞여 묘한 향을 풍깁니다. 저는 이도 저도 아닌 향기가 나는 아침을 '성에 잠입하는 순간'이라 부릅니다. 과거와 미래의 경비병이 출근하지 않은 그 순간, 마음속 깊은 곳에 성을 지어 놓고 숨어 사는 또 다른 나를 만나러 갑니다.

그 성에는 어울리지 않는 귀한 옷을 입은 내가 앉아있습니다. 게걸스럽게 먹느라 자꾸 흘러내리는 왕관을 고쳐 쓰며 조식을 즐기고 있습니다. 뭐라 부를 수 없는 고귀하신 분은 갑자기 등장한 나를 보며 깜짝 놀라 경비병을 찾습니다! 이에 저는 해치지 않을 것이니 걱정하지 말라며 달래고, 아무리 경비병을 불러도 지금은 오지 않을 것이라고 은근히 협박합니다. 이 성에 왜 왔냐는 질문에 저는 조심스레 되묻습니다.

"네가 원하는 삶은 무엇이니? 오늘을 어떻게 살아야 잘 때 두 발 뻗고 잘 수 있을까?" 귀한 옷을 입은 나는 자신은 모른다며, 자신은 성에 사는 존재이고, 그래서 세상일에는 관심이 없다며 저에게 차가운 시선을 보냅니다. "맞아. 넌 세상일에 관심 없으니까. 그래서 물으러 왔어. 세상일에 상관없이 내가 가장 원하는 걸 솔직하게 대답해 줄 사람은 너밖에 없거든."

어디서 주워들은 건 많아 잘난 척한다며 먹던 것을 내려 놓고 입을 실룩거립니다.

아직 무언가가 시작되지 않은 아침. 이때는 남자인지, 여자인지, 학생인지, 어른인지, 예쁜지, 안 예쁜지, 착한지, 나쁜지 따위의 자의식이 끼어들기 전입니다. 그래서 이때 물어봐야 합니다. 내가 살고자 하는 인생이 도대체 무엇인지, 이 방향이 정말 내가 원하는 게 맞는지에 대해서 말입니다. 이런 질문들을 던져보면 좋습니다.

- "내가 원하는 삶의 방식은 뭘까?"
- "원하는 삶에 가까워지는 중인가? 아직 멀다면 어떻게 해야 가까워질까? 가깝다면 무엇을 유지하면 될까?"
- "오늘 하루를 가장 나답게 보내기 위해 무엇을 어떻게 해야할까?"

성의 주인은 질문에 하나씩 답을 해줍니다. 나는 재빠르게 받아 적은 뒤 자의식이 출근하기 전에 유유히 성을 빠져나옵니다.

노트에는 몽롱한 상태에서 써서 삐뚤빼뚤한 문장들이 가득합니다. 하지만 이 문장들은 자의식이 넘치는 반듯한 문장들보다 훨씬 소중하죠. 성문 밖을 나섭니다. 아직 어제와 비슷한 나이지만, 내 몸에선 분명한 아침의 향기가 납니다. 미래를 향하는 자의 향기, 아침의 리듬과 함께하는 향기입니다.

점심

점심의 향기는 더 다양합니다. 아니, 다양하다 못해 폭발할 지경입니다. 주로 맡게 되는 것은 화려하고 다채로운 꽃내음입니다. 이 꽃저 꽃이 여기저기 피어 서로 경쟁하듯 향기를 뿜어대는 통에 세상이 폭발할 것 같습니다. 그래서 점심이 되면 아파오는 코를 부여잡고 마당에서 뛰어다니는 토끼를 만나러 갑니다.

어울리지 않는 토끼 옷과 누렇게 해진 토끼 머리띠를 쓴 녀석은 자신의 당근 밭은 까맣게 잊은 채 각종 꽃들을 수집하느라 정신이 없습니다. 녀석의 특징은 한 꽃을 0.3초 이상 보지 않는다는 것입니다. 왜냐하면 봐야 할 꽃이 너무 많기 때문입니다. 정신없이 꽃밭을 뛰어다니는 녀석을 멀리서 부릅니다! 빛의 속도로 저에게 달려와 0.3초 머무른 뒤 다시 떠납니다. (저는 토끼가 왔다 갔는지조차 모릅니다.) 결국 저는 가방에 숨겨놓은 신선한 유기농 당근 한 묶음을 꺼내 흔들어 보입니다. 이제야 녀석과 얼굴을 맞대고 대화가 가능해집니다.

"뭐가 그렇게 바쁘니?"

"이 꽃은 지금 당장 돌봐야 하고, 저 꽃은 요즘 유행하는 꽃이고, 그 아래 꽃은 요즘 관심 있는 꽃이고, 그 옆에 있는 꽃은 그냥 필요할 것 같아 돌보고, 그 맞은편 꽃은……!"

말도 엄청 빠른 토끼 입에 당근을 물리고 묻습니다.

"내가 오늘 관심 가져야 할 단 하나의 꽃은 뭐야?"

"왜 내가 그것에 관심을 가져야 할까?"

갑자기 토끼가 귀를 접고 당근을 더 빨리 먹기 시작합니다. 자기계발서 같은 얘기는 듣기 싫은 겁니다. 자신은 최소 0.3초, 최대 8초까지만 집중할 수 있다며 한 꽃을 하루 동안 보게 하는 것은 비효율적이며, 벌서기에 가깝다고 말합니다. 저는 내일 당근 케이크를 사 올 것을 약속하며 토끼를 달랩니다. 그리고 작전을 바꿉니다.

"있잖아, 토끼야……. 네 아이디어가 필요해. 딱 8초만 생각해 줘. 이 당근밭에서 더 건강하고 맛있는 당근을 키우고 싶은데 뭐 쓸만한 아이디어 없을까?"

토끼는 눈을 동그랗게 뜨고 귀를 쫑긋거리며 수많은 아이디어를 쏟아냅니다. 힙합을 시켜볼까 싶을 정도로 속사포같이 아이디어를 쏟아냅니다. 얼른 노트를 펼쳐 받아 적습니다. 대부분 이상하고 실현 불가능한 아이디어들이지만 개중 한두 개는 괜찮아 보입니다. 게다가 토끼가 처음으로 당근밭에 대해 8초 이상 집중하는 것도 만족스럽습니다.

점심은 다양한 생각, 에너지, 욕구, 일, 각종 메시지까지 모든 꽃이 자기가 중요하다며 소리치는 바람에 향이 폭발합니다. 그래서 무언가 하나에 온전히 집중하기가 쉽지 않습니다. 이럴 때 저는 산만함 그 자체를 이용합니다. 산만하게 아이디어를 쏟아내는 겁니다. 말로 쏟아내면 진이 빠지겠지만 노트에 쏟아내면 손만 조금 뻐근할 뿐 전혀 무리될 것이 없습니다.

유일하게 필요한 것은 시간입니다. 점심 먹고 10~15분 정도의 짧은…… 아니, 8초 이상이기만 하면 됩니다. 당신의 토끼와 함께 당근에 대해서 8초 이상 얘기하면 됩니다. 아이디어의 주제에 맞게 다양한 내용을 다룰 수 있지만, 경험상 이런 주제들을 추천합니다.

- '당신의 커리어에서 당신이 독보적이게 될 10가지 아이디어'
- '독보적인 것이 아니라 동료들과 잘 협업하고 싶다면, 그들과 잘 협업할 수 있는 10가지 아이디어'
- '당신이 지금 꿈꾸는 사이드 프로젝트 또는 메인 프로젝트를 발전시킬 10가지 아이디어'
- '당신이 사랑하는 사람에게 감동을 줄 10가지 아이디어'
- '당신이 더 건강해지기 위한 10가지 아이디어'
- '당신이 답을 찾고 싶은 문제를 해결할 10가지 아이디어'

자신이 8초 이상 당근에 관해 얘기한 것에 놀란 토끼를 뒤로 한 채 돌아옵니다. 노트엔 이런저런 단어, 그림, 화살표, 망상들이 산발적으로 펼쳐져 있습니다. 반듯하지만 아무런 영감이나 아이디어가 없는 딱딱한 문장보다 훨씬 나아 보입니다.

제가 토끼에게 사용하는 방법은 마치 산만한 아이들을 놀이터에 풀어 놓으며 이렇게 말하는 것과 같습니다. "마음껏 소리 지르고 놀아도 된단다. 하지만 놀이터 밖을 벗어나면 안 돼."

여러분이 가꾸고 돌봐야 할 당근밭이 무엇인지 생각해 보고 미쳐 날뛰는 생각들을 그 주제 안에서 마음껏 놀게 해보세요. 그러면 너무 다양해서 머리가 어지럽던 꽃향기들이 하모니를 이루며 교향악단처럼 하나의 주제를 다양한 아이디어로 표현하기 시작합니다. 그 음악을 감상하며 여러분은 점심의 향기를 맡고, 조금은 만족스럽게 일상으로 복귀할 수 있습니다.

저녁

눈부신 정오가 지나고 해가 지고 있습니다. 몸도 마음도 같이 떨어집니다. 너무 바빴던 하루, 내일 해야 할 일들을 잔뜩 남겨 놓은 채 집에 돌아오면 거대한 하마 한 마리가 앉아있습니다. 아침에 느낀 그 향기는 하마가 내쫓은 지 오래이고, 하마는 눈만 끔벅거릴 뿐 저에겐 관심조차 없습니다.

20년 넘게 일기를 써오며 깨달은 것이 있다면 그것은 무엇이든 바꿀 수 있는 마법도 이 하마의 고집만큼은 꺾을 수 없다는 것입니다. 하마가 원하는 것은 단 하나, 아무것도 하지 않고 가만히 있기.

처음엔 하마에게 자기계발서와 각종 동기부여 영상을 보여주며 뭔가 생산적인 걸 해보라고 조언하기도 했고, 공부가 싫으면 취미라도 가져보라며 여러 흥미진진한 것을 소개했습니다. 한때 너무 화가 나서 내 집에서 당장 꺼지라고 고래고래 소리를 지른 적도 있었는데 그때도 녀석은 그 어떤 것에도 흥미를 보이지 않고 그냥 눈만 끔벅거릴 뿐이었습니다. 결국 제풀에 지친 저는 그냥 녀석 옆에 앉아 가만히 있기 시작했습니다. 그렇게 몇 년이 흘렀을까요? 점점 그 '가만히 있기'가 익숙해지기 시작했습니다. 그리곤 그동안은 전혀 몰랐던 하마의 다른 면이 보이기 시작했습니다.

하마는 가만히 있지 않았습니다. 굉장히 적극적으로 무언가를 듣고 있었습니다. 몇 년간의 관찰을 통해 알아낸 것은 녀석은 소리를 듣는 것이 아니라 고요를 듣는다는 것이었습니다. 모든 소음이 덕지덕지 붙어 흘러내리는 저녁의 소리에서 소리와 소리 사이, 들숨과 날숨 사이 아주 미세한 고요함을 듣는 것이었습니다.

지친 몸으로 할 수 있는 건 무언가 말하는 게 아니라 그냥 듣는 것입니다. 하마는 움직이지 않으므로 더 강렬하게 듣고 있었던 것입니다. 하마의 행동을 이해하게 된 뒤로 퇴근 후엔 조용히 다니기 시작했습니다. 조용히 씻고, 조용히 저녁을 먹고, 조용히 노트를 챙겨 하마 옆에 앉는 겁니다. 그리곤 같이 '아무것도 하지 않고 듣기'를 시작했습니다.

소리와 소리 사이 그 빈 곳을 15~30분 정도 듣습니다. 머리가 맑아지며 점심때 느끼는 에너지와는 다른, 마치 호수에 물이 잔잔히 차오르는 것을 느낍니다. 그리곤 노트를 펼쳐 오늘 하루가 어땠는지 적기 시작합니다. 어떤 판단이나 욕망, 생각은 내려놓습니다. 마치 빈 곳을 바라보듯 제 하루를 그냥 바라보며 가볍게 적고, 내일 해야 할 것들 몇 가지를 적습니다. 노트를 접으려는 순간 하마가 슬쩍 고개를 돌립니다. 그러면 전 '아, 까먹었구나!'라는 표정을 보인 뒤 노트를 펼쳐 '감사한 것들'이란 제목을 적습니다. 그리고 오늘 내가 겪은 감사를 낱낱이 적습니다.

신나고 재미있는 것 천지인 세상에서 왜 하필 고요를 들어야 할까요? 바로 그 '신나고 재미있는 것'을 더 잘 듣기 위해서입니다. 모든 판단과 욕구와 생각을 잠시 내려놓고 고요함을 들어보면 밤의 향기를 느낄 수 있습니다. 실패와 잘못은 다시 치유되고 내일을 시작하기 위해 마른 호수가 잔잔히 차오르는 것을 느낄 수 있습니다. 가만히 듣기만 하는데도 오늘 저지른 실수, 받은 상처, 이기적인 마음들이 저절로 치유되는 기적을 경험할 수 있습니다. 하마는 처음부터 나에게 그것을 가르쳐주고 싶었던 것입니다.

저녁의 향기를 느낄 수 있는 주제로는 이런 것들이 있습니다. 다 해야 할 필요도 없고 이 중의 하나를 꼭 해야 할 필요도 없습니다. 단지 당신만의 저녁에 어울리는 당신만의 주제를 찾으면 됩니다.

- 오늘 하루를 기사 제목으로 작성하고 느낀 것을 적어보기: 그것을 통해 느껴지는 것을 적되, 감정이입해서 적는 것이 아닌 삼인칭 시점으로 적어보기.
- 어제보다 조금 나아진 점에 대해 적어보기: 아주 사소한 것이라도 좋다. 예시) 일회용 용기를 쓰지 않음, 누군가의 험담에 가담하지 않음, 부모님에게 문자 보내기, 어르신에게 자리 양보하기, 책 한 줄 읽기 등
- 나는 오늘 어떤 사람으로 살았는지 적어보기: 친절했던 사람, 단단했던 사람, 질문했던 사람, 미소가 함께했던 사람, 동료들의 믿음직한 조력자, 진심 어린 조언을 해주는 친구, 자랑스러운 자녀, 나를 존중하는 사람, 매너가 넘치는 사람, 센스 넘치

는 사람 등
- 오늘 감사한 것들
- 내일 할 일들: 장 볼 것, 처리해야 할 서류, 업무 등

　노트를 덮고 나면 어느새 하마는 제 곁을 떠났습니다. 머릿속 모든 직원을 퇴근시키는 데 성공한 저는 침대에 눕습니다. 냉장고와 에어컨 소음, 옆집 강아지 짖는 소리, 마을버스 지나가는 소리, 이웃집에 야식이 배달되는 소리, 자동차 경적이 아직 남아있지만 곧 그 사이에 존재하는 고요함이 다시 들립니다. 몸이 풀리며 잠에 듭니다.

　이론 물리학자 카를로 로벨리 Carlo Rovelli는 『시간은 흐르지 않는다』에서 시간에 대한 우리의 고정관념 두 가지를 비판합니다. 그에 따르면 시간은 과거에서 미래로 단일하게 한 방향으로 흐르지 않으며, 모든 생명에게 동일한 시간 속도가 주어지는 것은 아닙니다. 시간이 흘러가지 않는다니 선뜻 이해하기 어려울 수 있습니다. 아침이 되면 해가 뜨고 밤이 되면 해가 지는 모습을 볼 수 있는데, 사실 이런 현상은 시간의 흐름을 보여주는 것이 아닙니다. 태양은 고정되어 있고 지구가 공전과 자전을 하며 보이는 모습이 변하는 것뿐입니다. 거시적인 관점에서 우주의 시간은 우리가 느끼는 시간과 다릅니다. 또한 시간은 모든 사람에게 똑같은 속도로 경험되는 것이 아닙니다. 아주 정밀한 시계로 측정한 결과 높은 장소의 시간은 낮은 장소의 시간보

다 빠르게 흐르고, 움직이는 장소의 시간이 멈춰 있는 장소의 시간보다 느리게 흐른다는 사실이 발견되었습니다.

결국 우리가 말하는 시간이라는 개념은 실존하는 게 아니라 편의를 위해 만들어 낸 개념입니다. 마치 눈에 보이지도 않고 실존하지는 않지만, 누구나 느끼고 있다고 생각하는 감정처럼, 시간은 우리가 경험한 과거의 기억과 미래에 대한 예측을 위해서 만들어진 개념적 실제입니다. 고로 시간을 관리한다는 생각을 버리시길 바랍니다. 애초에 존재하지 않는 시간을 우리가 붙잡으려고 하거나 그리워하거나 어떻게 해서든 더 가지려고 한다는 것은 시간에 대한 잘못된 관점을 가지고 있다는 뜻입니다. 시간을 관리하려는 생각을 잠시 내려놓고, 어떻게 대해야 하는지 열린 마음을 갖는 자세가 필요합니다.

앞서 제가 나열했던 시간대는 절대적인 게 아닙니다. 저의 경험을 예시로 시간대별로 이런 내용을 쓰면 좋겠다는 권유일 뿐입니다. 여러분의 생활에 맞게 직접 변형하고 응용해서 적용하는 것을 권장합니다.

우리는 원활한 소통을 위해 시간이란 개념을 사용할 뿐, 시간에 갇혀 사는 존재는 아닙니다. 우리의 시간, 우리의 시대는 바로 우리가 선택하는 것이고 우리가 책임지고 만들어 가는 겁니다. 오늘부터 노트를 펼치고 여러분의 시간을 한번 정리해 보세요. 여러분은 현재 어떤 시간을 살아가고 있나요? 여러분은 어떤 시간을 살고 싶나요? 9시 출근, 6시 퇴근을 반복하는 쳇바퀴 같은 삶이라도, 바퀴를 굴리는 다람쥐가 아니라, 여러분만의 시간을 만들어서 여러분만의 시대를 펼쳐 나가시길 바랍니다. 그런 시간을 만드는 데에 일기쓰기가 아주 유용할 거라 확신합니다.

변하지 않아도 쓰기

 기록이 정말 삶을 바꿀 수 있을까요? 20년 차의 저는 "바꿀 수 있다."라고 말했고, 23년 차가 된 지금은 글쎄요…….

 잃어버린 줄 알았던 고등학교 3학년 때 쓴 첫 일기장을 최근에 찾았습니다. 첫 일기장을 발견하고 지금의 나는 23년 전의 나와 비교해 얼마나 성장했을지 기대하는 마음으로 빨간 미제노트를 살펴봤습니다.

 고3 시절의 저는 정말 형편없는 놈이었습니다. 모의고사 점수는 바닥권이었고, 공부 의지는 지하 800m 암반수와 함께하는 상황이었습니다. 그에 비하면 지금은 책 좀 읽고, 유튜브도 하는 나름 창의적이고 교양 있는 사람은 됐으니까 훨씬 나은 사람이라 여겼습니다.

 그러나 빨간 노트를 한 장씩 넘기며 깨달은 것은 바뀐 게 전혀 없다는 것이었습니다! 쓸데없이 진지하고, 여전히 게을렀고, 심지어 지금보다 그때 글을 더 잘 썼습니다……. 이런……. 23년 동안 도대체 저는 뭘 한 걸까요? 고삼보다 못한 삼십 대라니…… 이정도라면 엄마

뱃속으로 다시 돌아가야 할 수준입니다. 그때보다 분명 아는 것도 많아진 것 같은데 왜 저의 삶은 나아지지 않았을까요? 안 좋은 상상이 머릿속을 채워가는 이 난장판을 정리하기 위해 노트를 펼쳤습니다. 아, 만년필을 쥐고 있는 손조차 너무 부끄러웠습니다. 그럼에도 불구하고 세 가지 선택지를 떠올렸습니다.

1. 유튜브를 접고 새로 시작한다.
2. 노트를 불태우고 다시 20년 차로 돌아간다.
3. 내가 놓친 작은 변화가 있을 수 있으니 다시 찾아보자.

크리스마스의 기적을 미리 당겨쓰겠다는 마음으로 그간의 일기장을 꺼내 전부 살펴봤습니다. 누군가에게 기록하라고 당당히 권할 수 있는 증거를 찾아야 했습니다. 하지만 안타깝게도 저는 한결같은 인간이었습니다. 이런 꾸준함은 당근에 무료로 내놓아도 아무도 가져가지 않을 겁니다.

절망에 다다르니 그동안 써놓은 노트 전부를 불태워야겠다는 극단적인 결론에 다다르기 시작했습니다. 노트들을 차곡차곡 쌓고 제일 위엔 가장 혐오스러운 빨간 노트를 세워 놓습니다. 그리곤 활활 불태우기 위해 각종 도구를 챙깁니다. 강한 불일수록 빠르고 정확하게 처리할 수 있습니다. 하지만 안타깝게도 비흡연자의 집에는 점화 기구 따윈 없습니다. 이런! 땅에 묻고 싶지만, 도시생활자에게 삽과 흙은 더 희소합니다. 결국 검은 봉지에 감싸 일반쓰레기로 처리하는 방식을 따르기로 합니다. 노트를 봉지에 차례차례 던져 넣습니다. 자신의 운명을 직감한 듯 노트들은 말없이 봉지로 던져집니다. 그러다 모든 것의 원흉인 빨간 노트를 집는 순간 노트가 저에게 말을 겁니다.

"워워워! 형! 잠깐만! 멈춰봐! 어, 그러니까…… 변하지 않는 게 꼭 나쁜 건 아니잖아? 적어도 23년 동안 일기를 꾸준히 썼다는 건 좋은 거 아닐까? 23년 동안 일기를 썼다는 게 어설픈 자격증보다 더 좋은 자기소개가 될 수 있잖아? 안 그래? 23일이 아니라 무려 23년이야! 23년! 근데 날 버리겠다고?"

사실 저는 자기계발이란 단어조차 모르던 학생 때부터 '성장'의 가치를 추구했습니다. 공부는 쥐뿔도 못했지만 더 나은 존재가 되고 싶어 했습니다. 아직 결실을 보지 못했을 뿐 전지욱은 성장을 23년 동안이나 추구했습니다.

지난 23년간 성장이란 가치를 추구했던 이유는 마법을 믿었기 때문입니다. 허름한 옷이 멋진 슈트로 바뀌고, 무너질 것 같은 집이 궁전으로 바뀌는 것을 성장이라 여긴 것입니다. 하지만 삶은 이렇다 할 기적을 보여주지 않았습니다. 오히려 자주 실패하게 만들고, 자랑할 만한 기적 따윈 절대 주지 않았습니다.

생각해 보면 성장을 추구한 것은 단지 제가 그런 것을 좋아하기 때문이었습니다. 성장을 추구함으로써 당연히 기적을 선물 받는 것은 아닙니다. 책을 읽는다고 다 노벨상을 받지 않고, 노래한다고 모두

가 스타가 될 수 있는 것이 아니듯 성장을 추구해도 실패할 수 있고 나아지지 않을 수 있습니다. 삶은 동화가 아닌 신이 만든 거대한 모순이자, 그가 건네는 진지한 농담이기 때문입니다.

23년간 쌓아온 노트를 통해 제가 알게 된 것이 있습니다. 저는 성장이란 가치를 깊은 곳에서 원하면서도 게으름을 피우는 모순덩어리라는 것, 똑똑하고 싶지만 멍청한 실수를 연발하는 바보라는 것, 그저 그런 사람이지만 어떤 가치를 23년 동안 붙잡고 있었습니다.

'왜 그렇게 스스로를 깎아내리냐?', '자존감을 높여라.'라고 할 수 있지만 오히려 23년 만에 알게 된 저의 진짜 모습이 반갑습니다. 이제 스스로 말도 안 되는 높은 기대나 막연한 판타지 따위 바라지 않습니다. 그렇습니다. 드디어 저는 저로부터 좀 더 자유로워진 것입니다.

여름의 초록을 아무 이유 없이 사랑하듯, 이제 저의 부족함을 사랑할 겁니다. 이렇다 할 성과나 메달을 얻지 못하더라도 성장이라는 가치를 추구하며, 어제보다 덜 나쁜 내가 되기 위해 뭔가 해볼 것이고, 우왕좌왕할 것이며, 머리를 쥐어뜯으며 노트에 끄적거릴 것입니다. 안타깝지만 이게 나입니다. 23년간 노트를 써온 것도 나입니다. 다행히도 이게 나입니다.

기록을 다시 찾을 내가 힘낼 수 있도록

그리고 절대로 본인이 적은 내용을 가지고 누군가가 나를 정죄할 거라는 생각은 안 하셨으면 좋겠어요. 다른 사람에게는 안 보여주면 되니까요. 나만 볼 수 있도록 '이 또한 지나가리라.' 같은 자기 암시도 적어주세요. 기록을 다시 찾을 내가 힘낼 수 있도록.

코코
인스타그램 @koko.journal21
유튜브 @koko.journal21

지욱

코코 님은 다양한 문구와 아날로그 기록으로 일상의 밀도를 높이는 저널 크리에이터입니다. 여러 취미를 갖고 계신 코코 님이 기록에 정착하시게 된 계기를 말씀해 주실 수 있을까요?

코코

저는 10대 때부터 아날로그 기록을 본격적으로 시작하게 된 것 같아요. 고등학생 때 해외에서 생활했는데 서양 친구들이 자기 자신에 대한 고민을 굉장히 많이 하더라고요. 20대가 되면 바로 독립해야 한다고 생각하는 친구들에게 둘러싸여 있다 보니까 저도 저절로 좀 진지해진 것 같아요. 그렇게 뭔가 끄적이면서 고민하는 것에 꽂히게 됐고, 그런 모습이 멋있어 보이기도 했고. 그때부터 가죽 다이어리를 사랑하기 시작했어요.

기록을 하는 데에는 여러 이유가 있겠지만 제가 느끼기에는 전반적으로 심리적인 허기나 슬픔이 있을 때 기록을 많이 시작하는 것 같아요. 옛날의 저에게도 많은 어려움이 있었는데, 심적으로도 일을 열심히 할 수 없다는 생각에 되게 좌절했던 시기였어요. 뭘 해야 좋을지 방황하던 차에 결정적으로 아버지가 사고로 갑자기 돌아가셨고……, 만약에 내가 우리 아버지처럼 갑자기 떠나갔을 때 남은 가족이 추억할 수 있는 나만의 기록을 만들어 놔야겠다는 생각이 들면서 제 삶을 소중히 여기게 됐어요. 언젠가는 나도 사고로 갑자기 가버릴 수도 있고 아프게 되면 삶이 너무 힘들어질 수 있으니까 건강할 때, 그리고 내가 살아 있을 때 많은 걸 기록해서 나 자신을 위해, 내 가족을 위해 남겨야겠다는 울림과 깨달음이 있었어요. 말씀드렸듯이 저는 많은 분들이 심리적 허기 그리고 힘듦, 이럴 때 기록을 많이 시작하시는 것 같다고 생각해요. 그리고 그런 분들의 기록 생활이 오래가는 것 같아요. 왜냐하면 자기한테 위로를 줄 수 있는 수단이니까.

지욱
기록하신 것들을 한번 보여 주실 수 있을까요?

코코
그럼요. 저는 기록을 많이 하는 편이에요. 사랑하기도 하고. 아침, 낮, 저녁 버전이 다 있고요. 진지우기 님이 소개하셨던 모닝 페이지도 있어요. 쓰기 시작한 지 얼마 되지 않았지만, 일어나자마자 써요. 요즘 희한하게 꿈을 잘 꾸더라고요. 그래서 일어나자마자 책상에 가서 꿈 내용을 기록해요. 제가 필기체 속도가 빨라서 필기체로 써요. 예쁜 것도 중요하니까 일부러 잉크도 노트의 색깔에 어울리는 잉크로 골라서 쓰고.

노트의 크기나 색깔도 다양해요. 이렇게 손바닥만 한 포켓 노트도 있어요. 노트를 고르기 전에 먼저 뭘 쓸 건지 고민하거든요. 그래서 쓸 내용이 한 손바닥 정도밖에 안 된다고 하면 작은 크기의 노트

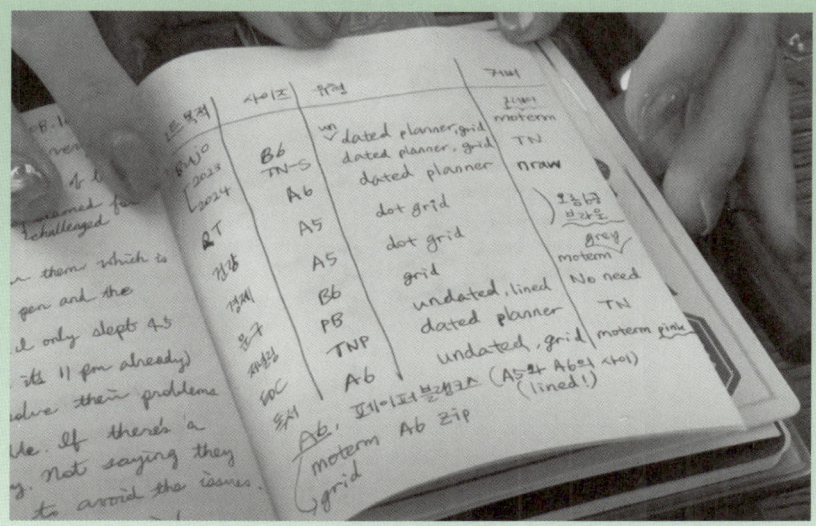

를 사고, 내용이 많으면 큰 노트를 사요. 여권 크기의 노트는 낮에 들고 다니고요. 회사 생활할 때 혹은 어디 이동해서 잠깐 대기할 때 꼭 꺼내서 끄적이는 그런 노트는 일부러 작은 걸 선택했고요. 커스텀한 노트도 있는데, 원래는 올리브 색깔 가죽만 있는 다이어리에 가죽 생지를 포켓으로 추가하고 펜 루프loop를 달아서 사용하고 있어요. 이렇게 노트마다 맞춤화하는 편이에요.

지욱
그러면 모닝 노트 말고 저녁 노트도 가져와 주셨을까요?

코코

그럼요. 저녁 노트도 있어요. 저녁 노트는 트래블러스컴퍼니에서 나온 노트고요. 고무 스트랩이 달려있어요. 그래서 스트랩 사이에 제가 원하는 걸 모듈형으로 끼는 거예요. 일단은 여기에 들어있는 저녁 노트 중 하나는 저널링 용이에요. 저널링은 온라인으로 저널링 멤버들이랑 같이 글 쓰는 기행 클럽이라는 프로젝트를 하고 있어요. 기록으로 행복해지는 사람들의 클럽인데, 주제를 미리 정하고 일주일에 세 번 정도 함께 다양한 글을 쓰고 있어요.

매일 쓰는 노트도 있어요. 제가 중요하게 생각하는 가치들을 적는 노트예요. 건강, 가족, 취미, 친구, 감사 등을 분류해서 매일 적어요. 제 일정도 적고, 뒤에는 일기를 기록합니다. 이걸 저는 불렛저널 bullet journal이라고 부르고요. 사실 불렛저널은 모든 양식을 다 스스로 A부터 Z까지 만들어야 하는데 저는 직장인이라 시간이 없다 보니까 타임라인이 미리 그려져 있는 노트 속지를 사서, 날짜를 적고 일과를 비롯한 할 일의 우선순위를 정리하고 있습니다. 저는 앞에서 말씀드린 것처럼 주제 글쓰기를 일주일에 세 번씩 해서 하루 동안 있었던 일을 적는 일기는 잘 안 써요. 어차피 분량이 얼마 안 되거든요.

대신 제 하루를 분석해요. 저는 정량화하고 분석하는 걸 좋아하거든요. 그래서 이렇게 카테고리를 정해두고 기록하고 있어요. 오늘의 에너지 레벨은 몇인지, 얼마나 집중했는지, 스트레스 수치는 얼마나 되는지, D&E Diet and Exercise라고 해서 식단이랑 운동이 어땠는지 등을 한 줄 요약해서 기록하는 거죠. 그 외에도 내가 오늘 좋아했던 거, 내가 오늘 배운 거, 아쉬웠던 거, 하고 싶은 거, 오늘 스쳐 간 생각 등을 기록하는데, 이걸 저는 데일리 리포트라고 부르고 있어요. 분석의 마무리로는 하루를 총망라하는 키워드나 문장을 간단하게 써줍니다. 그다음에는 토막 일기를 간단히 쓰고, 수면 습관을 적고 있어요. 수면 습관은 제가 굉장히 중요하게 생각하는데요. 몇 시에 자서 언제 일어났는지, 수면 시간과 질은 어땠는지 등을 매일 쓰는 거라고 보시면 됩니다.

지욱
그럼 다 쓴 노트는 어떻게 되는 건가요?

코코
직접 앨범을 제작해서 보관하고 있어요. 예를 들어 이건 2분기의 기록을 보관한 건데, 이렇게 저의 변화가 한눈에 보이는 장점이 있죠. 꾸미기 스타일의 변화를 보는 재미도 있어요. 어떨 때는 귀여웠다가, 어떨 때는 빈티지했다가, 어떨 때는 모던하고, 글쓰기 귀찮은 날은 이렇게 꾸미기만 하기도 해요. 아예 하얗게 할 때도 있고요. 저는 한 장 한 장이 마치 저의 잡지 같은 느낌이 들어요.

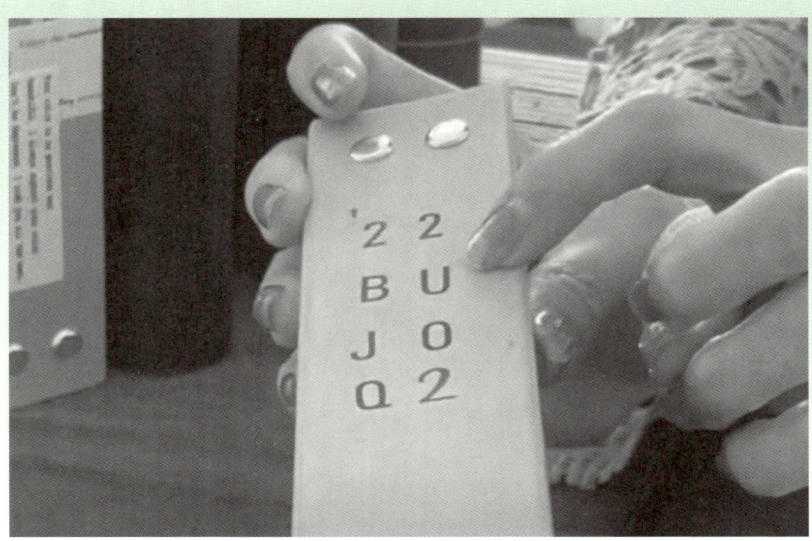

그리고, 음, 저녁에 하는 중요한 기록 중 하나를 소개하고 싶어요. 바로 건강 저널인데요. 하루를 마무리할 때 앞에서 소개해 드렸던 데일리 리포트와 더불어서 음식 리포트를 쓰는 거예요. 제가 따로 영상도 만든 적이 있는데, 확실히 몸이 건강해지려면 내가 먹은 것과 소모한 것들, 그리고 운동한 것을 잘 분석해야 하더라고요. 이게 핵심인데, 먹은 열량이랑 운동한 열량을 그래프로 그려요. 그리고 1일부터 말일까지 추적하는 거예요. 추적해서 어떤 패턴을 보이고 있었는지 왜 이렇게 튀었는지 이때 보면 제 일과가 보여요. 이때 회식이 있었다던가 아니면 스트레스를 받아서 폭식했다던가, 이런 것들이 보이고 이제 한 달이 끝났을 때 한 번 회고합니다.

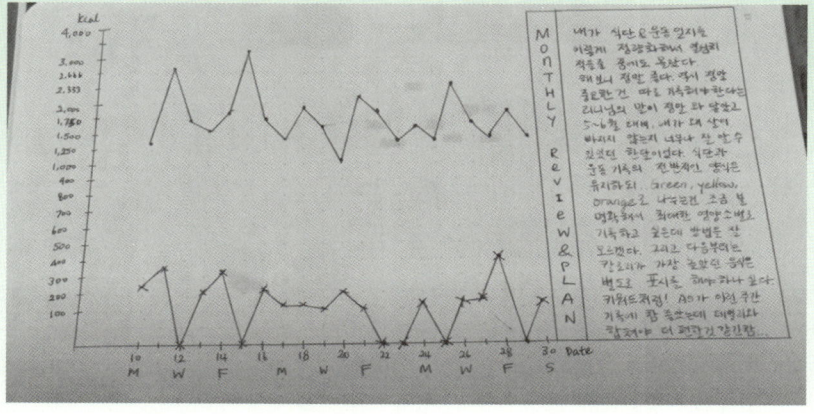

먹고 싶은 걸 다 먹는 대신 솔직하게 기록하고요. "하루를 돌아보면서 어제 좀 많이 먹었으니까 내일은 적게 먹어야겠다." 하고 조

절하는 것뿐이에요. 그리고 "운동도 어제 이틀 연속 못 했네. 그러면 좀 해야겠다." 하는 식으로 자극을 주려고 하는 것뿐이에요. 무조건 1,500칼로리만 먹어야 한다고 제한하는 건 아닙니다. 예전에는 간식은 일주일에 두 번, 이런 식으로 제한을 뒀었는데 그러니까 오히려 더 폭식하더라고요. 그래서 지금은 제한은 더 이상 두지 않고, 그냥 하루의 인풋input과 아웃풋output을 솔직하게 기록하고 있어요. 시작은 조금 귀찮을 수도 있고, 애플리케이션으로도 많이 하실 수 있겠지만 이렇게 손으로 직접 기록해 보시는 것도 좋은 경험이 될 것 같아요.

지욱

좋네요. 얘기를 좀 이어가 볼게요. 코코 님만의 기록 노하우 같은 게 있으실까요?

코코

되게 간단한 기록 노하우가 있는데요. 우선 왜 기록하고 싶은지 알아야 해요. 생각보다 사람들이 'WHY?'를 많이 생각 안 하시더라고요. 그런데 그냥 멋져 보인다고 따라 하기엔 내 시간이 너무 아깝잖아요. 그래서 정말 하고 싶은지, 하고 싶다면 왜 하고 싶은지를 꼭 생각해 보시길 권해드리고 싶어요.

두 번째는 무얼 적고 싶은지 생각하는 거예요. 'WHY?'에서 'WHAT?'으로 넘어가는 건데, 만약에 내가 건강해지고 싶고 그게

'WHY?'라고 한다면, 건강을 지키기 위해서 무얼 적어야 하는지가 'WHAT?'이 되는 거죠. 저는 그 과정에서 식단이랑 운동을 적은 거거든요. 여기엔 정답이 없어요. 사람마다 다른 게 될 수도 있거든요.

여기까지 정했다면 그다음은 'WHEN?'이 굉장히 중요해요. 사회생활을 하든, 학생이든, 전업주부든 시간은 24시간으로 정해져 있고 할 일이 있잖아요. 기록이라는 게 어찌 보면 하나의 할 일을 추가하는 셈이거든요. 예를 들어 책 읽는 시간 중에 일부를 여기에 할애해야 할 수도 있고, 어떤 사람은 친구들이랑 놀아야 하는 시간을 여기에 할애해야 할 수도 있는데, 내가 언제 얼마나 할 수 있는지를 미리 생각해 놓아야 거기에 맞는 분량이나 수준에 맞춰서 노트나 필기구 등을 준비할 수 있어요. 이게 지속 가능하게 하려면 어느 정도 내가 감당할 수 있는 수준이어야 되거든요. 그래서 꾸준히 하고 싶으시다면 반드시 먼저 'WHY(기록의 이유)?', 'WHAT(기록의 목적)?', 'WHEN(기록의 시간)?'을 생각하라고 말하고 싶어요.

그리고 계속 말씀드리지만 해보고 싶으신 분들만 해보시면 되고, 굳이 종이에 기록하지 않으셔도 돼요. 디지털로 하셔도 됩니다. 저는 이제 아날로그를 사용하기 때문에 이렇게 하는 것뿐이라, 타인에게 절대 강요하고 싶지 않아요.

지욱
앞서 기록이 본인에게 미친 영향에 대해 들었는데요. 이번에는 가정, 회사에 미친 영향을 구분해서 들어보고 싶어요.

코코
가정의 경우를 먼저 설명해 드릴게요. 흔히들 가정과 관련된 기록이라고 하면 가계부 정도를 생각하잖아요. 물론 저도 가계부를 쓰기는 하지만 다른 걸 보여드리고 싶어요. '원 라인 어 데이'One Line A Day라고 되게 유명한 노트가 있는데, 장마다 날짜가 정해져 있어서 1년마다 되돌아가서 이어 쓰게 되어있어요.

그래서 매년 작년에 썼던 똑같은 날의 내용을 확인할 수 있어요. 5년짜리라서 5년 일지라고 부르는데, 저는 이걸 남편 탐구 일지로 쓰고 있어요. 내 반려자에게 애정을 갖기 위해서는 자주 들여다봐야 하는 것 같아요. 당연히 상대방을 대면으로 관찰하는 게 좋죠. 상대방이 했던 말과 행동을 적어놓지 않으면 기억에서 사라지는 것들이 있잖아요. 근데 쓰기 시작한 지 세 달 정도 되니까 남편이 본인을 탐구하는 건 그만하라는 거예요. 스윗하게도 제가 이미 너무 많은 기록을 하고 있으니까 자기에게까지 시간을 쏟지 말라고요. 처음 써보시는 분들은 어떻게 써야 할지 고민하실 것 같은데 전혀 어렵지 않으니 겁먹지 마시고 써보세요. 예시로 제가 썼던 것 하나만 간단하게 읽어 볼까요?

"6월 6일. 아침부터 쉴 새 없이 집안일을 하는 그……. 이쯤 되면 거의 집안일을 하면서 스트레스를 해소하는 게 아닐까? 나 심심할까 봐 같이 명동 데이트하자고 먼저 제안해 줬다."

가정의 경우는 여기까지 하고, 이번엔 업무와 관련된 내용을 말씀드릴게요. 직장인 분들도 진지우기 님 채널을 많이 구독하고 계실 것 같아서 업무도 꼭 말씀드리고 싶었어요. 제 업무 노트는 펜 루프를 두 개 달아서 교차하는 것으로 잠금장치를 할 수 있게 만들었어요.

핵심은 연간 목표와 인사평가 기준이 되는 목표를 맨날 상기할 수 있게 써놓는 거예요. 그리고 달마다 날짜, 페이지, 회의 주제 등을 한눈에 볼 수 있게 아예 한 장은 목차를 만들고요. 그다음은 쭉 코넬노트 방식으로 날짜, 회의 주제, 참석자, 회의 때 나왔던 키워드, 소제목, 상세 내용, 마지막으로 팔로우할 사항들을 정리해서 회의록을 적었어요. 원래는 이렇게만 했었는데, 이게 업무 우선순위를 보여주지는 않잖아요. 좀 부족한 감이 들어서 한 달 단위로 회고하는 내용을 한 장에 정리해 둡니다.

지금 말씀드린 내용들을 실천하는 게 오히려 일이 추가되는 것처럼 느껴지실 것 같아요. 그래도 좀 더 일을 잘하고 싶으신 분들, 꼼꼼한 사람이 되고 싶으신 분들은 속는 셈 치고 한 번 시도해 보세요. 더 나은, 더 좋은 회사 생활을 위한 발판으로 작용할 수 있을 겁니다. 그리고 노트에 무언가를 적는 모습은 어떻게 봐도 일하는 것처럼 보이잖아요.

지욱
직장인 분들을 위한 말씀 감사합니다. 이렇게 기록이 사람들에게 좋은 영향을 끼칠 수 있다는 게 기록 전문가로서의 큰 보람인 것 같아요.

다음으로, 이렇게 다양한 효능이 있는 기록이 우리 삶에 미치는 많은 영향 중에서 가장 핵심적인 한 가지를 꼽자면 뭐라고 생각하세요?

코코
저는 자아 발견이라고 생각해요. 많은 사람이 일상을 살다 보면 바쁜 것과 상관없이 자기를 많이 놓치게 되는 것 같아요. 타의에 의해서 그럴 수도 있고, 진지해지기 싫어서 그럴 수도 있고요. 하지만 노트만큼은 내가 누구인지를 명확하게 알게 해주는 하나의 수단이라고 생각해요. 그리고 어떤 분이 기록이 있어야 창의성이 생긴다고 하셨는데 그 말이 맞는 것 같아요. 저도 기록을 다시 보다 보면 똑같은 주제인데 생각이 많이 달라지더라고요. 그래서 이렇게 기록하고 다시 살펴보는 과정에서 새로운 아이디어가 떠오르고 또 제 삶이 더 풍부해지는 것 같아요. 그리고 같은 맥락에서 다른 사람과 교류하는 게 필요하다고 생각해요. 개인 활동이기 때문에 혼자만의 방식에 갇히기 쉽거든요.

그래서 다른 사람들과 의견을 나누는 게 중요하다고 느껴서 양방향으로 소통할 수 있는 살롱salon을 운영하고 있어요. 저널 살롱이라고 부르는데, 기록에 관해서 얘기할 수 있게끔 마련한 자리예요. 아날로그 기록이라는 취미를 공통점으로 자기 관리와 탐구하는 방식에 대해서 서로 배우고 공유하는 거예요.

저는 아날로그적인 기록 습관이 정말 건전하다고 생각해요. 넘치는 콘텐츠에 집중력을 도둑맞고 가짜랑 진짜를 구별하기 힘든 시대에 지금 우리가 살고 있는데 내가 갖고 있는 진짜는 뭔지 알 수 있도록 도와주는 습관 중 하나가 바로 기록 습관이라고 생각해요. 저는 완벽하지 않지만 사람들에게 기록하는 습관을 많이 전파하고 싶어요.

지욱

마지막으로, 기록하는 사람들에게 전달하고 싶은 팁이 있을까요? 힘들 때나 지칠 때, 기록을 이어 나가는 방법 같은 거요.

코코

저는 일단 과거 기록을 다시 봐요. 기록이 정말 중요한 이유가 다시 볼 수 있기 때문이라고 생각하거든요. 정성 들여서 또박또박 쓴 내용들을 다시 보면서 숨을 고르는 편이에요. 그리고 왜 힘든지에 대해서는 정말 솔직하게 적는 게 좋다고 생각해요. 두서없는 의식의 흐름이라도 솔직하게 적는 게 자신을 직시할 수 있어서 굉장히 중요합니다.

그리고 절대로 본인이 적은 내용을 가지고 누군가가 나를 정죄할 거라는 생각은 안 하셨으면 좋겠어요. 다른 사람에게는 안 보여주면 되니까요. 나만 볼 수 있도록 '이 또한 지나가리라.' 같은 자기 암시도 적어주세요. 기록을 다시 찾을 내가 힘낼 수 있도록. 기록하시는 분들의 기록이 잠시 멈출 순 있어도 끝나지 않고 계속되길 바라는 마음입니다.

> 에필로그

　누군가의 차를 볼 때면 운전석 쪽 대시보드의 빈 공간에 먼저 눈이 간다. 특히 파란색 트럭을 볼 때면 운전자가 자신의 앞 공간에 무엇을 놓는지를 본다. 보통은 연락처, 교통 출입 카드 정도를 놓는 그 공간에 아버지는 노란색 포스트잇을 잔뜩 붙여 놓았다.
　목수인 할아버지와 다른 삶을 살아보고자 부단히 노력했던 아버지는 다양한 시도 끝에 결국 인테리어 기술자가 되었다. 차는 아버지의 사무실이었다. 정확히 말해 파란색 1톤 봉고트럭의 '운전석'이 사무실이었다. 대형 프랜차이즈의 인테리어 보수 계약을 따낸 아버지는 전국을 누비며 매장 인테리어 보수를 했다. 전국에서 보수요청이 밀려 들어오는 터라 나름의 스케줄 관리가 필요했다. 그래서 아버지는 노란색 포스트잇을 샀다.

    4:3 비율의 노란색 종이, 가늘고 파란 줄이 적당히 그어진 점착식 포스트잇은 아버지의 비서였다. 얇은 볼펜으로 꼼꼼히 스케줄을 적고, 운전석에서 바라봤을 때 왼쪽 구석에 붙여 스케줄을 관리했다. 전국을 누비면서도 한 번도 스케줄 펑크가 나지 않도록 일을 잘하는 그 비서는 시각적으로도 아름다웠고 일도 잘했다. 끝난 일은 과감히 버려졌고, 재료나 매장 스케줄로 인해 공사 일정이 연기되면 팔걸이 서랍에 임시 보관되었다. 그렇게 일주일 단위로만 게시되었으며 월요일에 꽉 찬 포스트잇이 금요일이 되면 줄어드는 과정을 반복했다.

    아버지는 학식이 높은 사람은 아니었다. 중학교 중퇴로 배움을 멈췄고, 평소 책이나 공부에 대해선 전혀 관심이 없었다. 각종 장비를 다루는 일, 운전하는 것에는 관심이 많아 차를 참 좋아했다. 그래서 펜을 잡는 모습을 좀처럼 보기 힘들었다. 하지만 매일 아침 봉고차에 시동을 걸기 전 일목요연하게 스케줄을 정리하는 모습에는 마치 어느 위대한 학자가 공부하는 모습처럼 지적인 아름다움이 있었다.

    하지만 아버지는 기록을 차 밖에서까지 적용하진 않았다. 본인의 인생과 가정에 기록의 아름다움을 가져오진 않았다. 경마에 빠져 재산과 자신의 중학교 학비까지 가져간 할아버지를 평생 증오하면서도 정작 본인은 주말마다 경륜에 빠져 힘들게 일해 번 돈을 탕진하기 일쑤였고, 폭력으로 아내를 대했고, 자식들에겐 폭언을 서슴지 않았다.

    가끔 이런 상상을 한다. 만약 아버지가 우연히 기록을 전파하는 사람을 알게 되어 일기를 쓰게 되었다면, 그 포스트잇에 공사 일 외에 자신에 대해서, 결혼에 대해서, 가정에 대해서 단 한 줄이라도 써봤다면 아버지의 삶은 좀 더 나아지지 않았을까? 자신의 불행했던 과거에서 벗어나고, 도박을 끊고, 폭력과 폭언 대신 사랑으로 가족을 대하는 가장이 되지 않았을까?

내가 이런 부끄러운 이야기를 꺼내는 이유는 당신이 노트와 펜에 함몰되지 않고 당신의 삶으로 기록을 가져오길 바라는 마음 때문이다. 책을 일 년에 몇 권 읽고, 독서 노트를 알차게 쓰고, 다이어리를 풍성하고 아름답게 채우고, 필사를 기가 막히게 하고, 일기를 몇십 년 쓰든 간에 결국 우리가 하는 모든 기록의 종착지는 내 삶을 사랑하는 것이다. 당신의 삶을 할 수 있는 한 풍성하고 아름답고 충만하게 가꾸는 것이다. 당신과 같이 사는 사람들에게 사랑을 전하고 친절하게 대하는 것이다.

그런 의미에서 본다면 어떤 노트와 펜, 어떤 기록법, 어떤 시간에 얼마큼 쓰는지는 중요하지 않다. 오직 당신에게 주어진 시련과 기쁨과 아름다움과 추함을 있는 그대로 받아들이며 당신이 올바르다 여기는 방식으로 당신과 주변을 이롭게 하는 방향으로 살아가면 된다.

아버지의 포스트잇은 그 잠재력을 다 발휘하지 못했다. 정확히 말해 포스트잇의 문제는 아니었다. 삶과 관련된 정말 중요한 것들을, 해결해야 할 것들을, 극복해야 할 것들을, 바라봐야 할 것들을 그는 바라보지 않았다.

　이 책의 마지막 페이지까지 인내와 관심을 가지고 읽어준 당신에게 정말 단 하나의 깨달음을 전하자면 이렇다. 당신의 추함과 아름다움을 동등하게 적어라. 그것을 적는 이유는 적는다는 행위의 만족감이 아닌 당신의 정원에 꽃을 피우기 위함이다. 꽃이 아름다운 이유는 땅의 어둠과 혹독한 추위를 이겨내어 고고한 얼굴을 들고 피어나기 때문이다. 고로, 당신의 삶을 그대로 적어라. 되고 싶은 것, 가져야 할 것, 해야 할 것뿐만 아니라 당신의 불행, 불안, 고통, 치졸함을 적어라.
　더 정확히 말해 지금 이 순간 일어나는 일들을 그냥 그대로 적어라. 그러면 결국 당신만의 꽃을 피우게 될 것이다. 자, 당신의 노트를 펼쳐라. 그리고 지금 이 순간 느끼는 것들을 가감 없이 적어보라.

참고 자료

도서

김선욱, 『마르틴 부버가 들려주는 만남 이야기』, 자음과모음, 2008.
김주환, 『내면소통』, 인플루엔셜, 2023.
김주환, 『회복탄력성』, 위즈덤하우스, 2019.
다니엘 페나크, 조현실 역, 『몸의 일기』, 문학과지성사, 2015.
대니얼 카너먼, 이창신 역, 『생각에 관한 생각』, 김영사, 2018.
데이비드 이글먼 외 1인, 엄성수 역, 『창조하는 뇌』, 쌤앤파커스, 2019.
레온 빈트샤이트, 이덕임 역, 『감정이라는 세계』, 웅진지식하우스, 2022.
리사 펠드먼 배럿, 최호영 역, 『감정은 어떻게 만들어지는가?』, 생각연구소, 2017.
마르쿠스 아우렐리우스, 박문재 역, 『명상록』, 현대지성, 2018.
마르틴 부버, 김천배 역, 『나와 너』, 대한기독교서회, 2020.
마크 브래킷, 임지연 역, 『감정의 발견』, 북라이프, 2020.
박문호, 『뇌, 생각의 출현』, 휴머니스트, 2008.
빅터 프랭클, 이시형 역, 『빅터 프랭클의 죽음의 수용소에서』, 청아출판사, 2020.
샐리 티스데일, 박미경 역, 『인생의 마지막 순간에서』, 비잉, 2019.
안토니오 다마지오, 고현석 역, 『느끼고 아는 존재』, 흐름출판, 2021.
안톤 파블로비치 체호프, 「갈매기」, 『체호프 희곡 전집 2』, 연극과인간, 2000.
알렉스 룽구, 『의미 있는 삶을 위하여』, 수오서재, 2021.
애니 듀크, 구세희 역, 『결정, 흔들리지 않고 마음먹은 대로』, 세계사, 2018.
애니 듀크, 신유희 역, 『인생을 운에 맡기지 마라』, 청림출판, 2022.
에리히 프롬, 박병덕 역, 『소유냐 존재냐』, 학원사, 1994.
에리히 프롬, 라이너 풍크 엮, 장혜경 역, 『우리는 여전히 삶을 사랑하는가』, 김영사, 2022.
정지우, 『우리는 글쓰기를 너무 심각하게 생각하지』, 문예출판사, 2021.
정희원, 『당신도 느리게 나이 들 수 있습니다』, 더퀘스트, 2023.
조경국, 『일기 쓰는 법』, 유유, 2021.
제레미 애덤 스미스 외 3인, 손현선 역, 『감사의 재발견』, 현대지성, 2022.
카를로 로벨리, 이중원 역, 『시간은 흐르지 않는다』, 쌤앤파커스, 2019.
크리스틴 네프, 서경 외 1인 역, 『러브 유어셀프』, 이너북스, 2019.

논문

로버트 A. 에몬스 외 1인, 「Counting Blessings Versus Burdens: An Experimental Investigation of Gratitude and Subjective Well-Being in Daily Life」, 『Journal of Personality and Social Psychology』(Volume 84, No.2), 2003.

마틴 E. P. 셀리그만 외 3인, 「Positive Psychology Progress: Empirical Validation of Interventions」, 『The American Psychologist』(Volume 60), 2005.

조나단 터지 외 3인, 「The Development of Gratitude in Seven Societies: Cross-Cultural Highlights.」, 『Cross-Cultural Research』(Volume 52, Issue 1), SAGE Publications, 2018.

기사

안드레아 후송, 「What Parents Neglect to Teach About Gratitude」, 『Greater Good Magazine』, The Greater Good Science Center, 2017.11.21.

알렉스 헌, 「Netflix: Our Biggest Competitor Is Sleep」, TheGuardian, 2017.4.18.

영상

월말 김어준 [audio magazine], "[월말 김어준] 〈뇌과학〉 미래에 중독된 종, 인간", YouTube, 2022년 9월 3일.

퍼스널 저널링:
19가지의 일기쓰기 방법으로 나를 찾기

초판 1쇄	2023년 12월 18일
초판 2쇄	2025년 3월 31일

지은이	전지욱
발행인	최현수
편집장	윤성민
책임편집	윤성민 이유진
편집	박규태
표지 및 본문 디자인	나침반

브랜드	북엔드
본사	대전 서구 둔산로 63, 403-539호
전화	0507-1367-3454
팩스	0505-300-3454
홈페이지	bookend.tech
이메일	info@bookend.tech
인스타그램	instagram.com/bookend.tech

ISBN	979-11-976013-2-3(03190)

발행처 (주)도서출판 북엔드
등록 2021년 9월 15일 제 2021-000047호

- 북엔드는 북테크 스타트업 '북엔드'의 지식교양서 브랜드입니다.
- 이 책은 저작권법에 따라 보호를 받는 저작물이므로 무단 전재와 복제를 금지하며, 내용의 전부 또는 일부를 이용하려면 반드시 저작권자와 북엔드의 서면동의를 받아야 합니다.
- 책값은 뒤표지에 있습니다. 잘못된 책은 구입하신 곳에서 바꿔드립니다.